A violência invisível em contextos organizacionais

Apoio:

CNPq – Conselho Nacional de Desenvolvimento Científico e Tecnológico

FAPERJ – Fundação Carlos Chagas Filho de Amparo à Pesquisa do Estado do Rio de Janeiro

A violência invisível em contextos organizacionais

Desigualdades, vulnerabilidades e resistências

Ângela Cristina Salgueiro Marques
Luis Mauro Sá Martino

Editora Sulina

Capa: Cintia Belloc

Editoração: Niura Fernanda Souza

Revisão: Simone Ceré

Editor: Luis Antônio Paim Gomes

Dados Internacionais de Catalogação na Publicação (CIP)
Bibliotecária Responsável: Denise Mari de Andrade Souza – CRB 10/960

M357v Marques, Ângela Cristina Salgueiro
A violência invisível em contextos organizacionais: desigualdades, vulnerabilidades e resistências / Ângela Cristina Salgueiro Marques e Luis Mauro Sá Martino. – Porto Alegre: Sulina, 2024.
176 p.; 14x21cm.

ISBN: 978-65-5759-155-0

1. Assédio Moral Organizacional. 2. Humilhação – Trabalho. 3. Violência – Socialização Organizacional. 4. Sociologia. 5. Comunicação Social. 6. Clima Organizacional. 7. Cultura Organizacional. I. Martino, Luis Mauro Sá. II. Título.

CDU: 658
CDD: 306

Rua Leopoldo Bier, 644, 4º andar – Santana
Cep: 90620-100 – Porto Alegre/RS
Fone: (0xx51) 3110.9801
www.editorasulina.com.br
e-mail: sulina@editorasulina.com.br

Julho/2024
IMPRESSO NO BRASIL/PRINTED IN BRAZIL

Agradecimentos

Este livro é resultado de muitas conversas, de perto e de longe, com amigas e amigos, colegas de pesquisa, estudantes, participantes de congressos e eventos com quem tivemos a alegria de partilhar dúvidas – porque acreditamos que o não saber, compartilhado, talvez possa, pela força dos encontros, se transformar em algum saber. Nomear todas essas pessoas acabaria, sem querer, em um exercício de injustiça caso algum nome fosse omitido. Por isso, deixamos aqui um agradecimento sincero a cada rosto, comentário, pergunta e questionamento que nos faz avançar.

Às nossas alunas e alunos, na Universidade Federal de Minas Gerais (UFMG) e na Cásper Líbero, por compartilharem com a gente esse espaço mágico da sala de aula. Às amigas e amigos dessas e de várias outras universidades, espaços de ensino e associações de pesquisa, por levarem em frente um ideal – realista e crítico – de produzir conhecimento, sobretudo em tempos de descrédito à ciência e à produção acadêmica.

A realização deste livro não teria sido possível sem o apoio da Associação Brasileira de Pesquisadores em Comunicação Organizacional e Relações Públicas (Abrapcorp), que nos permitiu realizar um curso de curta duração sobre essa temática em 2019. A todas as pessoas que participaram e tornaram esse momento de encontro possível, nosso agradecimento. Somos também gratos às agências de fomento – Coordenação de Aperfeiçoamento de Pessoal de Nível Superior (Capes), Conselho Nacional de Desenvolvimento Científico e Tecnológico (CNPq) e Fundação de Amparo à Pesquisa do Estado de Minas Gerais (Fapemig) – pelo apoio financeiro a projetos de pesquisa que desenvolvemos e dos quais derivam parte das reflexões aqui reunidas.

De Ângela Marques, agradecimentos ao Ângelo, meu esposo, e nossos filhos, Fernando e Cristiano, pela ternura, carinho e apoio inesgotáveis; às minhas irmãs queridas Flávia e Cláudia e aos meus pais, Ângela Salgueiro e João Calixto (*in memoriam*).

De Luís Mauro, agradecimentos a Anna Carolina e Lucas, minha esposa e nosso filho, por estarem sempre próximos, mostrando caminhos intensos e luminosos para a vida; aos meus pais, Vera Lúcia (*in memoriam*) e Antonio Carlos.

Sumário

Apresentação

Em abril de 2019, por conta de uma generosa oportunidade aberta pela Associação Brasileira de Pesquisadores em Comunicação Organizacional e Relações Públicas (Abrapcorp), tivemos a felicidade de elaborar um curso intitulado "Vulnerabilidades, desigualdades e resistências em contextos organizacionais", realizado presencialmente em São Paulo, com a participação de pesquisadoras e pesquisadores de diversas universidades.

A proposta vinha ao encontro de uma dupla preocupação.

O tema estava reverberando em nossas pesquisas havia muito tempo, e tinha recebido uma primeira elaboração, sob outro ponto de vista, no livro *Ética, mídia e comunicação*, publicado pela editora Summus no ano anterior, em 2018. Esse trabalho lidava com essas temáticas de um ponto de vista entre o macro e o micro, pensando que a ética comunicacional se manifesta com especial força nos microcosmos do social, nos pequenos encontros e situações da vida em sociedade.

Além disso, o tema ocupava um espaço considerável em nossos estudos e nas nossas práticas de sala de aula – para a Ângela, na Universidade Federal de Minas Gerais (UFMG), e para Luis Mauro, na Faculdade Cásper Líbero, em São Paulo. No horizonte, alimentávamos uma preocupação de entender a Comunicação como uma abertura para a ação e para a relação recíproca, favorecendo a construção da dignidade e a afirmação dos modos de vida das pessoas.

Nos cursos que ministramos, uma abordagem relacional da Comunicação em contexto organizacional sempre significou investir na construção cooperativa de espaços de constantes articulações, arranjos, rearranjos, conflitos e negociações em torno de projetos que deveriam ser tomados como prática e como estratégia coletivas, capazes de reunir expectativas individuais, comuns e institucionais. Assim, o curso na Abrapcorp se configurou como uma oportunidade de, ao mesmo tempo, consolidar algumas das perspectivas abertas no livro e desenvolvê-las, por outros caminhos, rumo às questões da Comunicação Organizacional, tema com o qual sempre mantivemos um diálogo próximo.

Soma-se a esses tantos elementos o fato de que, ao longo de vários anos de amizade, estivemos sempre trabalhando reflexões acerca das vulnerabilidades e da violência em vários espaços, de artigos e apresentações em eventos acadêmicos até conversas informais em cafés de São Paulo e Belo Horizonte. A pesquisa e a alegria de conhecer não estão restritas aos espaços destinados a isso, mas transbordam para se entrelaçar com a vida.

Falar de dimensões da ética da comunicação em contextos organizacionais, para nós, requeria um ponto de vista diferente, levando em consideração as três palavras que formavam o título do curso – vulnerabilidades, desigualdades e resistências. Vulnerabilidades, para retomar a condição do humano de poder ser ferido, de estar a um passo de precisar do outro; desigualdades, porque nem todo mundo é vulnerável do mesmo jeito; e resistências, porque é na aliança e na solidariedade que as pessoas encontram formas de transformar situações e contextos de violência.

A hospitalidade e a acolhida das pessoas no curso, bem como de quem o organizou, ao longo de dois dias, nos animaram para dar um outro passo, já imaginado de antemão: transformar o curso em um livro. Não seria nada muito longo, refletindo a brevidade do tempo em que compartilhamos essas ideias com colegas, mas voltado para um aspecto de síntese e proposição, sempre em diálogo com pesquisadoras e pesquisadores junto aos quais aprendemos e tecemos saberes – para o livro e para a vida.

O projeto, no entanto, caminhou de maneira um pouco mais lenta do que imaginávamos. Em parte, por conta das demandas da vida pessoal e profissional em meio à pandemia de Covid-19, em parte devido a dois outros trabalhos que, por assim dizer, estavam no horizonte – os livros *No caos da convivência*, publicado pela Vozes em 2020, e *Política, entretenimento e cultura pop*, que saiu pela Sulina em 2022. Esses anos foram de reconfiguração de nossos modos de viver, ensinar, compartilhar e produzir, tentando encontrar outros ritmos para projetos e atividades, que se equilibravam precariamente diante do contexto.

As escalas do tempo também têm seus momentos certos, e, no final de 2023, retomamos este projeto exatamente de onde havia parado. Esse intervalo contribuiu para observarmos aspectos ainda pertinentes, bem como nos alertou para as reelaborações necessárias – a pandemia resultou em anos intensos para as organizações, e as mudanças desafiavam qualquer interpretação. As questões ligadas às palavras-chave do livro, vulnerabilidade, desigualdades e resistência, no entanto, seguiram firmes no horizonte organizacional.

Era o momento, portanto, de dedicar atenção ao livro.

O contexto de nosso trabalho sobre o tema

Quando se trabalha, em alguma dimensão, com as questões de Comunicação Organizacional, é relativamente comum ouvir histórias reportando relações assimétricas e atos de violência, em suas mais variadas formas. Esses relatos povoam espaços incertos, raramente presentes nos discursos e posicionamentos oficiais, mas figurando, sobretudo, na informalidade das conversas de corredor, das pausas para um café, na fala em voz baixa e nos comentários velados. São experiências que devem ser faladas, mas não devem ser ouvidas – ao menos não por algumas pessoas.

Pautadas no discurso de uma positividade incontornável, algumas organizações optam por deixar essas vozes de lado, uma vez que revelam aspectos menos apreciáveis do cotidiano das atividades de trabalho. Em alguns casos, adotam-se medidas para contemplar o que é lido, na verticalidade do sentido que vai do alto para baixo, como as necessidades de alguém ou de algum grupo. Diante da violência identificada, são realizadas atividades de formação ou treinamento, mudam-se alguns nomes, alterações pontuais são implantadas e o caso é dado por encerrado.

Evidentemente não se questiona a motivação ou consequências dessas ações, mas a efetividade das estratégias supostamente capazes de dar conta de outras demandas. As reivindicações de baixo para o alto, entende-se, não precisam mais ser ouvidas, porque já estariam encaminhadas.

Em alguns casos, de fato, há mudanças substanciais e significativas na cultura organizacional, levando à construção de ambientes nos quais a comunicação acontece pautada no respeito, na consideração e mesmo no cuidado mútuo. Entendendo aqui o cuidado como responsabilidade ética, que aciona a escuta e a hospitalidade como dimensões básicas do reconhecimento da legitimidade das demandas e das respostas direcionadas a elas (Brugère, 2023). Em outros casos, no entanto, essas medidas não ultrapassam a superfície do problema, tornando-se, elas mesmas, objeto de crítica na forma de ironias veladas ("agora não pode mais chamar alguém de..."; "cuidado, não pode usar essa palavra..."; "cuidado com posturas que violam a integridade, mantenha-se à distância...", etc.) decorrentes da transformação do modo como se abordam as violências, mas não do conteúdo da própria violência. E, mais importante, tais estratégias não alteram de forma significativa a relação entre os sujeitos.

E então, novamente, se nota a formação de espaços de conversa nos quais circulam a voz daquelas pessoas que não participaram dos processos de transformação propostos para alterar uma situação e a maneira como, nela, as posições são tomadas, mantidas ou questionadas.

Essa voz, que não cessa, não se cala, é uma voz de resistência, preciosa na construção de ligações e vínculos entre as pessoas, formando uma rede de apoio e fortalecimento, tornando-se, em muitos casos, suficientemente forte para vir à superfície e dizer "não" ou "chega" diante de práticas de constrangimento, assédio, aplicação casuística de regras e outros tipos de arbitrariedades. Experiências de resistência são partilhadas, praticadas e colocadas em jogo para auxiliarem em transformações mais profundas nas formas coletivas de trabalho e na promoção de ambientes organizacionais mais paritários e éticos.

Práticas de resistência atuam na transformação das relações de confiança, aqui entendida como chave da tematização e combate aos vínculos de opressão. Mais do que a produção de legitimidade e fortalecimento da imagem que uma organização projeta junto a seus colaboradores, acreditamos ser importante pensar a confiança como uma prática relacional, como atitude tomada em relação aos outros e às instituições, conectada com arranjos que desenham, sob o horizonte da justiça, outras interações possíveis.

A consideração de vozes diversas nesses ambientes reconhece sua vulnerabilidade diante da dimensão hierárquica das práticas organizacionais. Mas também sua força enquanto rede, pautada na solidariedade, na compreensão mútua dos olhares, na experiência comum que se torna ação para transformar aquilo que inicialmente parecia inabalável. O compartilhamento de formas de vida se transforma em uma história comum de força, no reconhecimento do que se passou como chamado à atitude para transformar o que virá.

Essa transformação das condições de vulnerabilidade a partir da força de alianças forjadas entre múltiplas experiências e expectativas que se entrelaçam no contexto das organizações é o tema deste livro.

Belo Horizonte / São Paulo
Março de 2024

Capítulo 1

Vulnerabilidades e organizações: pensar entre conceitos

O conceito de vulnerabilidade está ligado à ascensão do Império Romano e à criação de uma mitologia oficial do Estado (por volta do século 12 a.C.), aproximando as culturas grega e romana, a fim de legitimar a descendência divina de Augusto: o soberano que não poderia ser ferido. O deus Apolo era considerado o protetor de Augusto, conferindo-lhe ares de imortalidade, beleza e benevolência. Essa associação entre Apolo e Augusto compõe a metáfora que o torna o salvador, protetor e benfeitor do mundo civilizado, intermediário entre o divino e o terreno.

No Ocidente, herdamos nossa noção de autoridade, invulnerabilidade e padrões de grandeza de líderes como os imperadores romanos Nero, Adriano e Agripa. Mas sabemos, justamente por isso, que há uma distribuição desequilibrada da vulnerabilidade entre os atores sociais: uns possuem mais defesas que outros, menor chance de serem atingidos e feridos. Espaços de poder são menos vulneráveis a ataques e injúrias, são menos frágeis e, por isso, pretensamente mais autônomos e soberanos em suas ações e decisões.

A palavra "vulnerabilidade" vem do latim *vulneras*, "ferida", ou, de outra maneira, "a possibilidade de ser atingido". Vulnerável é aquela pessoa que pode ser atingida, que pode ser um alvo. Contudo, vulnerabilidade não pode ser sinônimo de fragilidade incapacitante, ou de aniquilamento da capacidade soberana de agir autonomamente. Vulnerabilidades podem ser associadas a práticas de resistência e autonomia quando, de acordo com Judith Butler (2018b), sujeitos em situação vulnerável produzem vínculos, alianças e formas de associação que desafiam estratégias de poder, controle e dominação. Em especial nas organizações.

O ambiente organizacional

Organizações podem ser concebidas, segundo Rudimar Baldissera (2010), como sistemas vivos complexos, que dependem das ações e agenciamentos de sujeitos que, em interações comunicativas situadas e perpassadas por fluxos assimétricos de poder, elaboram práticas e arranjos a partir de material simbólico fornecido por seus imaginários, culturas e subjetividades. Tais arranjos podem assegurar tanto a colaboração e a cooperação direcionadas ao alcance de objetivos partilhados, quanto produzir uma infinidade de tensionamentos que geralmente derivam das dificuldades extremas de articulação das diferenças e dos posicionamentos polarizados.

Contextos organizacionais poderiam ser descritos como espaços frequentemente desiguais e hierarquizados nos quais relações antagônicas e agônicas são criadas e recriadas a partir da pluralidade de agentes, demandas e vínculos.

Não há como produzir uma definição na qual as noções de desigualdade, exclusão e injustiça estejam ausentes.

Mas não se trata tampouco de comparar organizações mais ou menos inclusivas ou justas, uma vez que essa abordagem não alcança aquilo que nos parece mais importante: como surgem condições comunicacionais, políticas e sociais para a emergência dos sujeitos, de suas experiências e relações em meio aos conflitos, às vulnerabilidades e às imposições de poder?

Uma organização não se confunde com um prédio, espaço físico ou marca, mas é fruto de uma crença de vários públicos em um determinado arranjo institucional e comunicacional destinado à realização de objetivos públicos e coletivos. Organizar e desorganizar tais relações são ações que derivam dos múltiplos atritos de forças em negociação: organizações se constituem em torno de disputas de significados entre múltiplos públicos.

Disputar sentidos significa lutar por enquadramentos, lutar para impor determinados quadros de legibilidade e de inteligibilidade que interferem fortemente na definição daquilo que é percebido como relevante e adequado por um amplo espectro de sujeitos e grupos sociais (Butler, 2015a). Aquele que tem o poder de definir e impor enquadramentos aos discursos e enunciados que circulam socialmente, tem também o poder de interferir no modo como construímos nosso imaginário e nossas formas de pensar e sonhar o mundo.

Não podemos abrir mão dos enquadramentos e eles, em si mesmos, não carregam qualidades positivas ou negativas. É justamente o seu uso e as apropriações que se fazem deles que interferem no desenho das forças políticas. Sob esse ângulo, enquadramentos podem, além de produzirem alianças e ações coordenadas, permitir a realização de metas e objetivos estratégicos.

Segundo Baldissera (2010) e Lima (2018), sentidos são reconstruídos e disputados, organizados e desorganizados em trocas discursivas protagonizadas por sujeitos individuais e coletivos movidos por interesses distintos e por vezes contraditórios. Sob esse aspecto, o sentido construído e disputado na interação, é mais do que uma troca de informações. Trata-se de confrontação de ideias e de interpretações diferentes, determinando a dinâmica e a orientação de uma ação ou atitude de um ou mais públicos e atores sociais, além de suas dimensões de assimetria, desigualdade e poder.

Poder e sentidos nas organizações

O que significa dizer que a organização resulta de uma constante negociação de sentidos? Toda instituição se assenta sobre um processo de instituição imaginária da sociedade que deriva do modo como nossas crenças embasam práticas e relações que reforçam significados e vínculos de confiança. Uma organização, entendida aqui como instituição em rede, é composta por pessoas que confiam umas nas outras, reforçam essa confiança a partir da missão e dos objetivos coletivos, mantendo-se estável no imaginário e na crença compartilhada e constantemente reafirmada. Essa crença coletiva é tácita e fica mais evidente quando situações de crise e ruptura revelam os atores envolvidos, as dissonâncias e tensões ocultas na naturalização das práticas, articulações de poder que emergem junto com acontecimentos não previstos. A dimensão simbólica desse imaginário compartilhado fica mais palpável quando pensamos em como uma instituição promete premiações e promoções àquele que vencer, que superar seus limites ou mesmo que impulsione seus sonhos via trabalho árduo e colaborativo.

É nas situações de ruptura e de crise que as disputas de sentido deixam entrever as vulnerabilidades constituintes das organizações e de seus discursos. Assim, disputar sentidos é também disputar enquadres, ou seja, nomear (conferir existência) e julgar o que e quem merecem ser dignos de atenção, escuta e consideração. Nomear pode tanto produzir assujeitamento quanto subjetivação, destituição de poder e brecha para a desidentificação.

Negociar sentidos implica, em suma, delimitar, fazer aparecer e tematizar vulnerabilidades ligadas ao modo como sujeitos, normas, temporalidades e ações se tornam legíveis e reconhecíveis em um dado contexto e situação. Isso implica que vulnerabilidades são construídas, modeladas, alteradas e superadas. E, por mais que todos nós sejamos vulneráveis (sobretudo diante da morte, de catástrofes e tragédias) e fiquemos vulneráveis todas às vezes que nos colocamos diante dos outros e nos expomos à sua avaliação moral, vulnerabilidades são fabricadas socialmente e situacionalmente.

O sentido da vulnerabilidade

Vulnerabilidades nos conectam e revelam as fragilidades de nossa existência vinculada aos outros, às instituições e aos aparatos sociais, econômicos, políticos e de bem-estar. Por isso, muito raramente pertencem aos sujeitos, ou seja, não podem ser dimensões que os definem de forma categórica. Elas podem se originar de atitudes éticas de indiferença que reverberam sobre um pano de fundo moral. Este, por sua vez, orienta posicionamentos e julgamentos morais que tendem a inferiorizar e punir. Vulnerabilidades são produzidas juntamente com quadros e enquadres morais que reforçam normas e apagam diferenças.

De um lado, enquadramentos moralmente aceitáveis conferem visibilidade, respeitabilidade e reconhecimento; de outro, operações de questionamento desses enquadramentos são responsáveis por evitar a total dissolução do infamiliar dentro do familiar. Além disso, se os enquadramentos permanecem inquestionáveis, os sujeitos tendem a perder a autoridade sobre sua autonomia narrativa, permitindo que alguém passe a contar suas histórias e experiências.

Segundo Lima (2018), os arranjos institucionais, a cultura e as normatividades definidoras da vida em comum criam sistemas de diferença que constroem e posicionam as pessoas como pertencentes ou não à organização, dignas ou indignas, valiosas ou desprovidas de valor. Vulnerabilidades surgem não só da distribuição desigual de recursos discursivos, políticos e materiais, mas também dos quadros morais tacitamente compartilhados e que servem para avaliar, julgar e tornar visíveis e audíveis sujeitos e coletividades.

Uma vez que qualquer organização não existe fora das práticas comunicativas de seus membros, nem de suas interações agônicas, elas são produzidas e reproduzidas a todo momento em processos discursivos que se sustentam em um imaginário comum e em crenças solidamente enraizadas (mas constantemente abertas a revisões).

Enquadramentos de vulnerabilidade

A dinâmica que modela uma organização pelo discurso pode ser aproximada da perspectiva teatral de Erving Goffman (1999), na qual diferentes grupos configuram uma cena dissensual de aparição em que conferem visibilidade a certos elementos (constitutivos da face) e dissimulam outros (o espaço dos bastidores). Expor a face ao escrutínio e à interpelação alheia é colocar-se em posição de vulnerabilidade.

Butler (2015a) sustenta que, apesar de uma instituição exercer hierarquicamente força disciplinar e de controle sobre os sujeitos, os públicos e seus respectivos comportamentos e posicionamentos, ela não anula processos de subjetivação e de construção da autonomia configurados nas interações comunicativas.

A capacidade de agir que os sujeitos localizados em contextos organizacionais possuem pode tanto se voltar para o alcance de fins pessoais ou comuns (agir estratégico), quanto para a produção de um entendimento partilhado e amplo acerca de problemas coletivos (agir comunicacional).

É por isso que, conforme destaca Baldissera (2008), funcionárias e funcionários podem usar o sucesso da empresa para realizar seus próprios objetivos de ascensão ou minar o funcionamento de práticas de gestão que não lhes possibilitam um reconhecimento para além do reconhecimento ideológico.

Em nosso ambiente de trabalho, buscamos estima alheia e aprovação das conquistas e tarefas que realizamos, e justamente por isso estamos expostos diante dos outros. Expostos diante das avaliações, julgamentos e apreciações morais que os outros fazem de nós e do produto de nosso trabalho.

Disso decorre uma vulnerabilidade moral, física, social e até econômica, pois sabemos que, se o julgamento for negativo, a ameaça constante de demissão pode se tornar concreta. Sob esse aspecto, vulnerabilidades são produzidas situacionalmente e podem ser alteradas na interação e no desdobrar temporal em que ela se realiza. Existem, claro, outras vulnerabilidades que podem ser mais decorrentes de limitações do próprio sujeito (deficiências físicas e cognitivas; doenças e condições neurológicas, por exemplo) do que dos vínculos sociais e culturais que ele estabelece.

As condições financeiras, sociais, culturais e as distinções físicas entre sujeitos colaboram para diferenciar também o nível de suas vulnerabilidades. Isso faz com que, por exemplo, uma mulher branca, heterossexual, de classe média e com deficiência seja, a princípio, menos vulnerável do que uma mulher negra, homossexual, em situação de pobreza e com deficiência. Assim, gênero, classe, raça, principalmente quando interseccionados, revelam como as vulnerabilidades são desigualmente distribuídas entre as pessoas e seus grupos de pertencimento social.

Grande parte das diferenças que definem assimetrias de distribuição das vulnerabilidades derivam do modo como as pessoas apreendem, leem e reconhecem as demais, baseando-se em quadros compartilhados de avaliações morais tácitas, não tematizadas e veladas, mas que, ainda assim, alcançam um status de normatividade tal que seguem valendo como regras, ainda que com certo grau de abertura para revisões.

Vulnerabilidades, hierarquia e poder

No caso das organizações e das relações que se desenham em seu contexto interno e externo, os poderes simbólicos que definem as hierarquias, o modo como a noção de trabalho define uma moralidade do valor de alguém e o entendimento compartilhado de que estar desempregado ou integrar o "precariado" é algo negativo e desvalorizante nos mostram como os valores podem ser acionados como princípios que orientam julgamentos morais.

Vivemos sob o risco constante de sermos substituídos no trabalho e essa ameaça de instabilidade, a qual dá origem a uma série de sofrimentos sociais, psíquicos e físicos, constitui-se em uma vulnerabilidade assimetricamente distribuída entre os sujeitos e grupos. A questão que podemos fazer é: como são definidos os padrões que tornam possíveis as distinções de valor entre os sujeitos? O que faz com que um modo de vida seja visto como desprezível em relação a outro? Como esses julgamentos morais das vidas e dos modos de vida comprometem a soberania e a autonomia das pessoas e grupos para elaborarem suas autodefinições e suas realizações?

Como ressalta Baldissera (2008, 2010), várias podem ser as fontes de vulnerabilidade situada em um contexto institucional: o não reconhecimento do trabalho executado, a falta de respeito, a execução de atividade insalubre e de risco, o assédio moral ou sexual, o racismo, o sexismo, a desfiguração decorrente da injúria, etc. O que gostaríamos de apontar como tema para reflexão neste livro é o modo como as distintas vulnerabilidades e desigualdades, que se manifestam situacionalmente e relacionalmente em contextos organizacionais, revelam processos de injustiça sustentados moralmente e imaginariamente por formas de avaliar e reconhecer vidas.

Vulnerabilidades existem em contexto e estão ligadas a expectativas normativas, discursos, enquadramentos epistemológicos e institucionais, arranjos sociais, relações de dominação, naturalizações de assimetrias e ideologias. Por isso mesmo, toda forma de vulnerabilidade possui dimensões éticas, estéticas e políticas que requerem que pensemos sobre a manifestação e expressão de sofrimentos (sobretudo morais), desejos e necessidades.

Nos capítulos que se seguem, pretendemos explorar como desigualdades e injustiças ligadas à produção de vulnerabilidades não se separam de um processo de subjetivação de sujeitos políticos vulneráveis em suas redes interacionais de suporte e resistência, principalmente nos contextos institucionais e organizacionais. Ou seja, vulnerabilidades não se separam de resistências, nem incapacitam os sujeitos para a ação soberana, autônoma e transformadora.

Capítulo 2

A formação de vínculos nas organizações

Com o objetivo de falar sobre as práticas de resistência e subversão de travestis no mercado de trabalho, o pesquisador Vinício Abreu (2023) desenvolveu uma tese no âmbito da psicologia social na qual entrevista em profundidade quatro trabalhadoras travestis. Entre elas, Lukrésya Nascimento, de 30 anos, que tem se dedicado a uma militância capaz de promover irmandade e sobrevivência, sobretudo em contextos de trabalho estigmatizantes e violentos. Em seu depoimento, conta que, com 18 anos, trabalhou como auxiliar de cozinha e que o dono da empresa ofereceu a ela roupas que, segundo ele, ajudariam a melhorar sua imagem. Quem ela era e aparentava ser não condiziam com o padrão da empresa. Não havia espaço possível para se trocar, para descansar e para ser "ela mesma". Da mesma forma que seu corpo, seu horário de chegada e saída passou a ser rigidamente controlado. Ainda que chegasse na hora certa, era acusada de chegar atrasada. Ao tematizar a injustiça que sofreu, enfatiza que ser "pobre, preta e trans" não deveria conceder ao patrão o direito de humilhá-la.

O depoimento de Lukrésya Nascimento nos auxilia a refletir acerca dos contextos de vulnerabilidade que se configuram nos ambientes de trabalho, e como eles podem ser desiguais quando questões de gênero, classe e raça se somam às desigualdades econômicas. Quando se trata das assimetrias interseccionais, o problema não se resume apenas à exclusão ou inclusão. Condições de vulnerabilidade não são profundamente alteradas se empresas apenas abrem mais vagas destinadas a pessoas trans, ou se oferecem qualificação e preparo das equipes que estão à frente de projetos de acolhimento à diversidade. O aprofundamento das condições de vulnerabilidade vai além de dimensões legislativas, administrativas ou práticas ("qual banheiro será usado"?). Lukrésya nos mostra que a disputa de sentidos que se estabelece no contexto de trabalho gira em torno da ininteligibilidade de corpos travestis pela norma do trabalho. Assim, quando buscamos compreender quem conta como trabalhador ou trabalhadora, nos deparamos com uma enorme barreira de reconhecer formas de vida e de corpos que não se enquadrem nos padrões legitimados. Há espaço no mercado de trabalho para corpos como o de Lukrésya Nascimento? Para ela, travestis sempre trabalharam, mas não são entendidas como trabalhadoras, a não ser que seja no mercado do sexo.

É possível perceber como as condições de vulnerabilidade entrelaçam contextos, corpos, normas, relações de interdependência, institucionalidades e quadros morais de reconhecimento. Trabalhadoras trans e travestis são imediatamente associadas ao universo da prostituição, que surge como espaço da sobrevivência de corpos estigmatizados que não se adéquam à imagem cisheteronormativa que se convencionou como ideal.

> Participei, ainda adolescente, de um projeto da Prefeitura de Fortaleza cujo objetivo era a inclusão social e ocupacional da juventude. Ia três vezes na semana para u ma regional da prefeitura, ganhava em troca vale transporte e sessenta reais por mês. O Estado usava meu corpo "afeminado", negro e periférico, que durante um ano esteve no arquivo do setor pessoal organizando documentos e pastas, "de A à Z". Pensei comigo: não vou dar conta. Será que foi proposital pegar uma trava adolescente para organizar o que ninguém quis? Mas precisava do dinheiro e, na época, via aqueles sessenta reais como um passo para a independência. [...] Viver é difícil e caro, se quisermos dignidade, especialmente para ser travesti. Há o peso da imagem que as pessoas criam da gente, que elas esperam da gente, mesmo que não deem a mínima para nós. [...] Que condições o Estado nos dá? No papel é bonito: somos cidadãs, mas na real não temos direito. Para o Estado nós sequer existimos. O meu corpo não existe, não é um corpo validado. Ele somente será se eu entrar nos moldes do Estado (Depoimento concedido a Abreu, 2023, p. 70-72).

Lukrésya conta que a sociedade espera dela um comportamento específico, ainda que não dê a devida importância à sua existência. No mercado formal de trabalho seu corpo não existe, porque não é um corpo validado. Para explicitar esse ponto, ela menciona que uma amiga travesti conseguiu uma vaga para trabalhar em uma empresa de telefonia. Essa empresa, segundo ela, costuma apresentar-se como aberta à diversidade, o que, na prática, não ocorre. Não foi permitido à sua amiga o uso de seu nome social no crachá; o uso do banheiro foi impossibilitado e a vigilância sobre seu corpo e suas formas de expressão foi tão extrema, que ela percebeu como o trabalho socialmente reconhecido é violento para pessoas trans e travestis. Empregar essas pessoas sem oferecer condições de dignidade e proteção é perpetuar o menosprezo e o estigma.

Ao mencionar esse exemplo, Lukrésya Nascimento mostra como os ambientes de trabalho podem ser violentos, principalmente quando utilizamos a expressão "mercado de trabalho" para descrever algumas formas de atividades reconhecidas comumente como dignas e respeitáveis (Moraes, 2015). Empresas que se dizem acessíveis nem sempre asseguram condições justas de permanência no trabalho, afetando a saúde mental das trabalhadoras e dos trabalhadores, que não raro são compelidos a atuar no mercado informal.

A percepção de Lukrésya sobre sua condição de trabalho nos mostra como os afetos se tornam políticos à medida que aprendemos a interpretar os enquadramentos socionormativos que decidem quais vidas merecem respeito e quais estão mais expostas à injúria. Para a pesquisadora Sara Ahmed (2015), os afetos políticos modelam as dimensões do espaço social, marcando as fronteiras e vínculos moventes entre o social, o institucional, as territorialidades e corporeidades. Os afetos envolvem um trabalho político e ético de construção da ação e de seu próprio espaço de desenvolvimento, implicando a reconfiguração das normas de legibilidade e apreensão, atuando como marcadores de exclusão e injustiça. Ao falar de suas experiências de trabalho e de como foi afetada pelas inúmeras violências sofridas, Lukrésya nos indica como os afetos atuam como forma de racionalidade política constitutiva de nosso agir coletivo, inseparável de outras racionalidades que orientam moralmente os sujeitos em suas reivindicações de justiça diante do aprofundamento de suas vulnerabilidades.

Esse depoimento nos lembra que toda forma de vida é suscetível de ser explorada, violada ou ameaçada por preconceitos, guerras, doenças, políticas migratórias, agressões, catástrofes ou mesmo pela dificuldade de acesso a espaços físicos ou a bens e serviços. Contudo, há vidas mais expostas que outras à violência e ao dano. Vulnerabilidades podem ser concebidas como parte de nossa existência e também como resultado das configurações contextuais de nossas experiências sociais: fazem intrinsecamente parte dos indivíduos, mas também são construídas e remodeladas nas interações com os outros, uma vez que, dependendo do desenho dos vínculos que tecemos, podem ser aprofundadas ou minimizadas.

Vulnerabilidades também são fruto de assimetrias econômicas, da precariedade que dificulta a produção de vidas dignas, habitáveis e reconhecíveis dentro de parâmetros legais, isto é, diante da lei, e morais, diante dos outros. Assim, elas são distribuídas desigualmente e estão relacionadas à produção de injustiças que se manifestam não só no contexto de nossas práticas ordinárias, mas também das instituições, em seus arranjos e circunstâncias, que tendem a proteger certos indivíduos e grupos enquanto expõem outros a diferentes formas de injúrias (Ferrarese, 2016; Laugier, 2016; Garrau, 2018).

Em termos sociais, vulnerabilidades podem ser pensadas conjuntamente a fim de mostrar como são produzidas de maneira situada, desigualmente distribuídas, mas passíveis de alterações e reconfigurações. Segundo Butler (2015a), as vulnerabilidades sociais são produzidas por normas que definem a ideia de humano digno de reconhecimento e estima social. Tais normas são majoritariamente tácitas e pautadas por tensões de poder que distinguem e selecionam os sujeitos que pretensamente serão elegíveis para o reconhecimento e os que não serão.

Há, sob esse aspecto, uma "preparação" de um sujeito para que possa, primeiro, se tornar apto, legível e apreensível como alguém que merece ser estimado e valorizado pelos demais membros de uma comunidade. O que está por trás dessa preparação das vidas para serem apreendidas como reconhecíveis? Na perspectiva de Butler (2018b e de Didier Fassin (2009), seria a avaliação moral à qual todos nós estamos submetidos e que, mesmo sendo muitas vezes injustificável (porque fundada apenas em preceitos que não existem como normas legais), define algumas vidas como dignas de serem salvas e outras dignas de serem desprezadas e/ou eliminadas.

Essa é uma dimensão polêmica do reconhecimento: ele não deveria ser atribuído por alguém a outros, que seriam "objeto" de avaliação e valorização ou desvalorização. O reconhecimento, tal como definido por Axel Honneth (1995), é fruto de um processo intersubjetivo de disputas que envolvem diferentes dimensões de autorrealização dos sujeitos e de sua realização social, política e jurídica. Em outras palavras, o reconhecimento é um processo de "luta", que deriva do fato de que temos expectativas e demandas que só podem ser satisfeitas e atendidas em relações sociais e legais de reciprocidade que não são, é claro, isentas de opressões e injustiças.

Reconhecimento e vulnerabilidade

A perspectiva de Butler (2011) é um pouco distinta daquela apresentada por Honneth (2005, 2006), uma vez que essa autora afirma que o reconhecimento é uma prática destinada a ordenar e regular os sujeitos de acordo com normas preestabelecidas e amplamente compartilhadas através de quadros de valores e preceitos morais. Segundo ela, as condições que preparam sujeitos e grupos para serem apreendidos ou não como reconhecíveis fazem com que nos acostumemos a julgar antecipadamente formas de vida que recusamos conhecer.

De acordo com essa perspectiva, é importante nos perguntarmos sobre as condições que definem as formas de apreciação e de depreciação que são utilizadas para apreendermos e reconhecermos os outros de maneira diferenciada. Retomaremos algumas dessas questões no Capítulo 3.

Além disso, uma questão que não podemos deixar de manter no horizonte refere-se ao fato de que a vulnerabilidade possui uma dimensão política que requer que pensemos o corpo e suas formas de aparição na esfera política.

Não há como desconsiderar que, ao interagirmos em sociedade, estamos sempre expostos à apreciação e ao julgamento alheio. Mais ainda, temos expectativas de sermos atendidos e reconhecidos em nossas demandas mais básicas em relação aos outros: demandamos carinho e afeto nas relações tecidas entre amigos e familiares; demandamos e reivindicamos direitos nas relações sociais de justiça; e demandamos reconhecimento de nossas capacidades e habilidades de contribuir para um projeto coletivo, por exemplo, nas relações de trabalho (Honneth, 1995).

Nenhum projeto democrático pode extirpar as desigualdades e as assimetrias de seu cerne. Não há como pensar a democracia sem as diferenças que tornam as reivindicações de justiça necessárias. Não há democracia sem vulnerabilidades e sem a possibilidade de traduzir vulnerabilidades subjetivas em reivindicações coletivas por mudanças.

Não é tão fácil e evidente produzir, apresentar e justificar argumentos: há uma semântica e uma gramática a serem construídas, que dependem da produção de um conhecimento (de uma episteme) e da confiança que sujeitos e grupos depositam nesse conhecimento (derivado da experiência) para se apresentarem autonomamente diante de seus interlocutores.

Assim, achar as palavras certas para produzir reivindicações é um processo de experimentação de longo prazo e que não está dado de antemão. Deriva de um cuidadoso e paciente trabalho de articulação entre interesses privados e coletivos, da racionalidade sensível que mobiliza narrativas pessoais e públicas ao debate, traçando mais avizinhamentos do que fronteiras intransponíveis entre "nós" e "eles".

As controvérsias entre Habermas (2004) e Fraser (1990) nos convidam a pensar em como vulnerabilidades podem ser combinadas com normatividades, de modo que as possibilidades de interação coletiva se diversifiquem para além da discursividade argumentativa. De modo sucinto, Fraser argumenta que o modelo de esfera pública que Habermas idealizou no final dos anos 1960 estava assentado em um tipo de arena deliberativa no qual não haveria distinções de status, classe, raça ou gênero. Contudo, além de ser utópico, esse desenho não seria suficiente para revelar como as desigualdades aparecem nas argumentações e influem no debate. Para Fraser, não seria possível que os interlocutores de uma esfera pública deixassem de lado diferenças interseccionais para deliberarem como se fossem socialmente iguais. Ao mesmo tempo, e Habermas concordou com ela, Fraser vai defender que não deveria haver uma única esfera pública burguesa, no singular, mas "arenas discursivas paralelas à esfera pública política nas quais membros de grupos subordinados elaboram e fazem circular contra-discursos" (1990, p.67).

Filósofas contemporâneas como Estelle Ferrarese (2016) e Sandra Laugier (2016) retomam os argumentos de Fraser para propor uma aproximação entre as formas usuais de enunciação em processos políticos e a expressão de sofrimentos morais, desejos e necessidades. Segundo elas, a possibilidade de percebermos e considerarmos a existência de sujeitos políticos vulneráveis está intimamente ligada às contribuições que as vulnerabilidades desses atores podem oferecer à busca por emancipação, autonomia e justiça.

Dito de outro modo, sujeitos vulneráveis não podem ser confundidos com vítimas destituídas da capacidade de refletir e agir eticamente, mas sim precisam ser vistos como atores protagonistas de suas experiências, que buscam caminhos e percursos alternativos às expectativas e ideologias dominantes para darem forma às suas existências e à existência coletiva. Quando se trata de tematizar a maneira como as lógicas organizacionais produzem e reiteram vulnerabilidades, é importante destacar como trabalhadores e colaboradores são constantemente constrangidos em sua potencialidade de agência e participação política.

Como as organizações amplificam as vulnerabilidades

No âmbito das relações em contextos organizacionais, é possível mencionarmos aqui as dificuldades geradas pelas tentativas de nomear seus atores: são eles colaboradores, partes interessadas, stakeholders, trabalhadores? As nuances advindas de cada um desses conceitos estão majoritariamente ligadas ao papel desempenhado por eles nas rotinas de decisão das organizações. Utilizar "colaboradores", por exemplo, parece mascarar a conflitualidade e o trabalho sutil de hierarquização que enreda líderes e subordinados em tarefas nas quais as prioridades nunca são as dificuldades enfrentadas, mas a maximização dos lucros a serem alcançados.

Segundo Nicole D'Almeida (2015), quando levamos em conta as assimetrias de poder existentes nas interações que ocorrem nas organizações e entre elas, não fugimos da óbvia inexistência de atores múltiplos que não podem ser todos apanhados por um único rótulo, nem tampouco da prevalência de culturas e imaginários discursivos que temem e insistem em reduzir a pluralidade, e em evitar a reformulação dos textos e discursos existentes, numa clara e reiterada tentativa de minar a elaboração de narrativas e vínculos agonísticos.

De acordo com D'Almeida, atores organizacionais são, ao mesmo tempo, vulneráveis e capazes de resistência, construindo textos e contextos organizacionais, movimentando um campo dinâmico e conflitual, polifônico e estratégico de elaboração de textos, conversações e narrativas que se constituem mutuamente. Trata-se aqui de considerar uma autoria que possui autoridade e soberania: em vez de "colaboradores" *pro forma*, os sujeitos podem ser atores-autores nos modos de inserção organizacional que elaboram para si mesmos nas organizações. Sua autoria é identificada nos processos de criação, de repetição e de transformação de um texto-organização, sempre fundados no "exercício da profissão, mas indissociável de uma ação individual e coletiva que produz ditos e enunciados inéditos" (D'Almeida, 2015, p. 26). Assim, a agência produtiva e as formas de apropriação elaboradas por trabalhadores em contextos organizacionais estão diretamente ligadas à sua autonomia e à confiança que possuem nos vínculos que alimentam e reconfiguram de modo constante.

Invisibilidade e vulnerabilidade

No modelo neoliberal, a vulnerabilidade tem seu significado atrelado a um espectro de condições negativas: pobreza, violência, deficiência, dependência, falta de segurança, desastres, desastres naturais e, finalmente, carências e desvantagens que a autorrealização e a construção da autonomia política impediriam. Como lembram Illouz e Cabanas (2022), a "happycracia" do modelo não abre espaço para qualquer manifestação de outro tipo de sentimento ou emoção além do entusiasmo, perseverança e confiança.

Diante dessa lógica, deve-se negar a vulnerabilidade e exortar a invulnerabilidade. A vulnerabilidade é, nesse sentido, uma condição a ser evitada ou um problema a ser resolvido com sobra de segurança, investimento em iniciativas empreendedoras e redistribuição orçamentária. A oposição vulnerável/invulnerável estabelece uma hierarquia de gênero e desigualdades sociais constantemente acompanhadas pela afirmação de identidades sociais cristalizadas, ancoradas em normas legais muito rígidas. A governamentalidade neoliberal dificulta a passagem da voz (uma vez que todos os sujeitos a possuem) para a fala e a escuta (dinâmica que pressupõe ser admitido em uma argumentação recíproca), pois suas operações visam disciplinar e controlar os sujeitos e, principalmente, os grupos percebidos como vulneráveis (deixando-os em um contexto de isolamento e de culpabilidade individual por seu fracasso).

Sandra Laugier (2015) e Marie Garrau (2018) enfatizam que a vulnerabilidade não é apenas uma condição do ser, mas um estado contingente que pode ser modificado e mudar o status do sujeito e dos grupos dadas as transformações dos vínculos e das condições materiais, simbólicas e humanas que nos permitem viver. Podemos assim falar de vulnerabilidades no plural, porque não são imóveis, mas contingentes e situadas.

A vulnerabilidade, como mencionado anteriormente, não tem uma origem única, mas resulta de uma rede complexa de relações múltiplas: importa ter em conta a localização de um sujeito numa rede de relações marcada por um campo de objetos, forças, processos, instituições e entidades que afetam este sujeito e o afetam de forma muito específica. O respeito e a dignidade requerem também a reconfiguração dos espaços institucionais de negociação, interlocução e construção da autonomia política dos sujeitos.

Ser vulnerável não é sinônimo de ser vítima, incapaz, mas um trabalho em processo que oscila entre as duas posições e instaura o trabalho de contemplação, de desaceleração do tempo necessário para deixar espaço para a aproximação da alteridade. As vulnerabilidades, tomadas em sua dimensão social, não são essenciais nem fixas, mas contingentes e situadas. É o encontro com o outro que perturba e reconfigura o estado de vulnerabilidade do sujeito.

Alyson Cole (2016) lembra que as sociedades capitalistas, pautadas pela ideologia do sucesso, configuram várias tentativas de disciplinar e acomodar aqueles marcados simbolicamente e institucionalmente como vulneráveis: políticas sociais de auxílio aos desafortunados, ações filantrópicas, apoio oferecido por burocratas do moderno *welfare state*, enfim, estratégias geridas por sujeitos que tentam desmantelar redes de apoio social, alegando que os "vulneráveis" têm que se virar, dentro de um quadro de privatização neoliberal. Para ela, ser "invulnerável" é um imperativo neoliberal que combina com a busca por segurança pública extremada, com avanços de securitização extrema, expansão da governamentalidade biopolítica no âmbito doméstico (trancar criminosos na cadeia e trancar-se em casas-bunker) e intervenções militares no exterior, alimentando a securitização biopolítica. Instituições criam e perpetuam a vulnerabilidade, ao mesmo tempo que se prestam a buscar respostas e soluções, nem sempre eficazes.

Para Cole (2016) e Laugier (2015), faz parte dessa ficção da invulnerabilidade a ideia de que somos donos de nós mesmos e possuímos nossos atributos e qualidades (inatos), e que podemos escolher investir em nós mesmos através do consumo de bens e serviços, sem a necessidade de dever nada a ninguém ou às relações que estabelecemos com os outros.

Concepções de vulnerabilidade

A perspectiva desenvolvida por Judith Butler (2018b, 2019, 2022) acerca da vulnerabilidade tem alimentado as reflexões das autoras antes mencionadas, uma vez que ela alerta sobre os riscos de se utilizar o conceito de vulnerabilidade não apenas como "rótulo" para denominar aqueles supostamente incapazes de atender aos requisitos das demandas neoliberais que se impõem no âmbito privado, público e no ambiente de trabalho, mas justamente porque esse "rótulo" pode se tornar um modo de dizimar populações.

A vulnerabilidade entendida como incapacidade produziu um paradoxo no neoliberalismo e amplificou sua operação de responsabilização que designa sujeitos e populações inteiras como responsáveis por sua própria posição precária, ou por sua acelerada experiência de precarização. Sob esse viés, a noção de vulnerabilidade geralmente opera de dois modos: tornando uma população o alvo de políticas sociais (e mesmo de políticas repressivas, como os povos de rua ou pessoas encarceradas) ou beneficiária de formas específicas de proteção.

Para Butler (2019), os dois usos fazem com que o termo se associe a uma lógica política restritiva de acordo com a qual ser alvo e/ou ser protegido por uma política ou lei seriam as únicas alternativas possíveis. Assim, o uso do termo apaga formas de soberania popular, agenciamentos de resistência e lutas ativas por transformação social e política.

Autoras como Butler (2019) e Cole (2016) enfatizam que acentuar a universalidade da vulnerabilidade abre a possibilidade de mudar o foco do individualismo (culpabilização do sujeito) para a análise aprofundada das estruturas sociais, econômicas, políticas e outras estruturas institucionais que sustentam as desigualdades e minam as potencialidades de transformação das condições de opressão e do imaginário político.

Segundo Cole (2016, p. 269), quando abordamos a vulnerabilidade como uma condição, em vez de tratá-la como um status ou uma dimensão essencial da identidade, é possível entendermos os contornos contextuais e as inter-relações sempre diversas entre materialidades, temporalidades, espacialidades e institucionalidades que integram as redes das experiências individuais e coletivas.

O sujeito vulnerável está inscrito em contextos sociomateriais que revelam a dimensão corporificada das vulnerabilidades que nos atravessam (Paperman, 2010). Além disso, tais contextos são, ao mesmo tempo, instáveis e estáveis, tudo depende das relações e articulações de dependência, reconhecimento, atribuição de valor às vidas e diminuição de riscos à integridade.

Estudar a vulnerabilidade enquanto parte de uma construção desigual de atribuição de valor moral às existências parece, para Butler (2022), atender a esforços mais amplos de politizar a injúria e o sofrimento. Essa autora mostra como as instituições, em seus arranjos e circunstâncias, sempre protegem certos indivíduos enquanto expõem outros a diferentes formas de eventos e danos.

Ela ressalta como a diferença entre quais vidas são passíveis de luto e quais não são é uma forma de violência institucional que acompanha as "métricas necropolíticas que continuam a demarcar (ou deixar sem marcas) populações como dispensáveis, vidas como não dignas de proteção, vidas como não dignas de luto" (Butler, 2022, p. 140). Por isso, a busca por formas não violentas de ação requer uma transformação das práticas de governamentalidade de "Estados que marcam oficialmente populações para morrer ou as deixam morrer em condições privativas" (2022, p. 140).

O processo de transformação posto em movimento pelo luto se relaciona com os ecos e com as formas de percepção da violência. Assim, não somente as dores e injustiças se tornam audíveis, como também visíveis e legíveis para as pessoas. A vulnerabilidade possui uma dimensão política que requer que pensemos ameaças sociais ao corpo e suas formas de aparecimento na esfera política. Por isso, o luto promove uma aproximação entre as formas privadas e coletivas de participação em processos políticos ligados à busca por justiça. Butler (2022) argumenta que aparecimento político que se desenha através do processo de enlutamento se refere não apenas à possibilidade de percebermos a existência de sujeitos políticos em situação de vulnerabilidade, mas também à busca por práticas não violentas de permitir condições compartilhadas de vida.

Reconfigurar vulnerabilidades requer a elaboração de formas de aparecimento político que não se reduzem a adquirir visibilidade, mas envolvem alterar o modo como sujeitos são percebidos e reconhecidos diante dos outros, o que demanda um deslocamento do olhar, uma outra forma de imaginar as relações com a alteridade e de considerar as formas de vida daqueles que se apresentam diante de nós. Butler (2022), assim como Rancière (2010), ressalta que a capacidade de aparecer politicamente manifesta-se em uma espécie de perturbação da ordem sensível que pode revelar a fratura causada por representações preconceituosas que aprofundam desigualdades.

A vulnerabilidade, entendida como exposição deliberada diante do poder e das instituições, é parte do sentido da resistência política como um agenciamento que define o corpo em suas redes de interdependência e infraestrutura. Prova disso é que o sentido de vulnerabilidade muda quando se torna parte de uma resistência política. Contudo, não se trata de vencer a vulnerabilidade, mas de lutar contra a fixação em categorias, a reificação de uma posição que destitui os sujeitos de agência (paternalismo).

É importante ser precário na ação, promover uma exposição deliberada dos corpos precários diante das instituições e dos agentes de poder. A manutenção da vida envolve a constante produção de alterações nas condições sociais e políticas e não só a alimentação de um impulso interno para viver. Mesmo porque, todo impulso tem que ser sustentado por estruturas e redes de apoio que estão fora do sujeito.

Novas coligações, alianças e pactos centrados na oposição à violência de Estado abrem chances para que grupos e indivíduos possam agir juntos, amparados por diferentes suportes (Butler, 2018b). Isso confere a eles um outro sentido de produção de demandas e de engajamento em lutas, pois há o entendimento da necessidade de reivindicar as condições necessárias de uma vida vivível. A capacidade de sobrevivência e de sustentação de uma forma de vida digna estão relacionadas à responsabilidade coletiva e à responsabilização de agentes institucionais que geralmente menosprezam as diferenças.

Potências da resistência

Quando aqueles que são apontados como descartáveis, dispensáveis e não enlutáveis se reúnem sob condições de visibilidade pública minimamente respeitosas, eles parecem dizer que não estão agindo apenas nas sombras da vida pública, que não se confundem com as ausências que estruturam sua existência política.

Por um lado, criar condições de aparecimento público para agir e falar, pressiona os limites do que foi estabelecido como reconhecível. Mas nos espaços invisíveis do cotidiano também há coalizões e solidariedade: também há gestos que evidenciam, segundo Butler (2018b, 2019), como o corpo é uma rede de relações e articulações que não se encerra em uma entidade. Perceber práticas de resistência como coligações afetivas e políticas implica entender como essas alianças não se baseiam apenas em posições de sujeito já demarcadas, ou na reconciliação de diferenças entre posições distintas. Se cada um é um conjunto ativo de inter-relações, alterações nas condições de vulnerabilidade abrangem também os corpos coletivos e não apenas existências individuais. Nesse caso, é importante considerar uma coletividade e uma pluralidade que são colocadas em comum através de agências que se produzem na interdependência.

É por isso que, em sua definição de vulnerabilidade, interessa a Butler (2018b) investir em formas de resistência não violentas que mobilizam vulnerabilidades para os propósitos da afirmação da existência, demandando direito ao espaço público, à igualdade e à justiça em oposição à violência: isso pode figurar como momento isolado de produção de resistência, mas se pensarmos no gesto de aparecer efetivamente diante do outro para reivindicar demandas, veremos que essa ação envolve um risco deliberado de exposição e enfrentamento.

As proposições aqui destacadas revelam como as ideias de Butler (2015a, 2018b) se articulam em torno das potencialidades oferecidas pelas vulnerabilidades para práticas de resistência. Segundo ela, o sujeito da resistência produz e é produzido por articulações e coligações nas quais se movimentam em campos animados de diferenças e disputas. Nessas dinâmicas, as individuações e subjetivações dos atores se estabelecem agonicamente, no sentido de que "ser produzido por outro" e "produzir o outro" são parte da própria "ontologia social do sujeito, situação em que o sujeito é menos uma substância distinta do que um conjunto ativo e transitivo de inter-relações" (2015b, p. 87). Sob esse aspecto, Butler nos instiga a aproximarmos vulnerabilidades e agência, lembrando que a vulnerabilidade é sempre distribuída desigualmente entre os grupos e que ela adquire contornos mais precisos quando uma cena de interpelação é posta em prática. Esse é o tema do próximo capítulo.

Capítulo 3

O contexto organizacional como espaço de vulnerabilidade

Em 1973, depois da cerimônia de assinatura de uma lei no Salão Oval da Casa Branca, o então presidente Richard Nixon interpelou a jornalista Helen Thomas, única mulher jornalista autorizada a acompanhar de perto e cobrir os eventos da agenda política do presidente, com um comentário sexista acerca de ela estar usando calças que modelavam suas curvas. Na sequência, pediu que ela desse uma voltinha diante dos homens presentes na sala e, sob risadas e gracejos, perguntou se seu marido aprovaria que ela usasse aquelas roupas.

O caso é narrado pelo sociólogo canadense Erving Goffman (2002), em uma análise sobre as transformações de contexto que podem, na esteira de seus trabalhos anteriores, ser vistas como potencialmente desencadeadoras de situações de constrangimento, humilhação e embaraço. Na análise do autor, Nixon altera o enquadramento formal da situação e endereça-se aos homens presentes na sala, constrangendo a jornalista e ativando uma série de esquemas avaliativos morais que revelam como "mulheres podem se tornar objeto de atenção e julgamento apenas, deixando de ser percebidas como agentes autônomas e soberanas" (2002, p. 110).

É nos contextos de trabalho que muitas relações de poder se tornam evidentes. Situações de constrangimento em contextos de trabalho podem amplificar vulnerabilidades que já existem, nos oferecendo uma pista importante acerca de como são produzidas as violências e os sentidos que assumem quando entram em contato com as corporeidades nas quais se inscrevem o gesto, a palavra e a concretude do sujeito falante. É na interseção entre as territorialidades demarcadas pelo poder que a corporeidade desse sujeito se constitui de maneira performática, poética, argumentativa e resistente, alternando a conexão e a desconexão entre os múltiplos nomes, enquadramentos e modos de enunciação que o definem.

No Salão Oval da Casa Branca, centro do poder político e simbólico no Ocidente, evidenciou-se nesse caso como dispositivos de visibilidade regulam o estatuto dos corpos, seus modos de apreensão e legibilidade. Territorialidades e corporeidades se articulam também no processo do aparecer político dos corpos, principalmente dos corpos femininos, identificando que tipo de olhar e de implicações esse aparecimento suscita junto àqueles que observam, interrogam, julgam ou acolhem os gestos, os corpos, suas imagens e performatividades. A aparição performativa dos corpos sobre uma cena pública vai demarcar territórios, exposições, vulnerabilidades e afetividades, associando ética, estética e política.

A situação vivenciada por Helen não é diferente de outras mulheres que são coagidas e constrangidas cotidianamente em ambientes corporativos e institucionais liderados por homens. A análise de Goffman revela como enquadramentos contratuais e institucionais estão marcados por disputas de poder, podendo ser modificados a qualquer momento, exigindo dos interlocutores uma nova postura e um comportamento que reoriente sua posição no jogo. Contudo, nem sempre é possível contestar injustiças: o silenciamento, a vergonha e a destituição da dignidade passam a fazer parte de uma rotina violenta em organizações altamente hierarquizadas.

A utilização e a modificação de enquadramentos que orientam os sujeitos em suas experiências intersubjetivas são um jogo que não delimita apenas a percepção social da alteridade, mas também produz e reproduz códigos morais que se entrelaçam com formatos narrativos e discursivos destinados a configurar a esfera de aparecimento dos sujeitos.

É esse movimento de aproximação entre valores sociais e adequação de nossos comportamentos e expectativas e contextos que Goffman valoriza para evidenciar uma rede complexa de sustentação de vulnerabilidades. Ele destaca que as experiências que nos constituem, ao mesmo tempo, como sujeitos e como sociedade, são articuladas através da maneira como lemos e interpretamos os gestos, as ações e as palavras de nossos interlocutores em contextos sociais e históricos particulares.

Para isso, quadros e esquemas são partilhados culturalmente, orientando-nos na apreensão, na interpretação e na produção de uma resposta adequada à interpelação que os outros nos dirigem. Goffman (2002) busca evidenciar como, em nossas relações comunicativas cotidianas, há um jogo de poder que define a mobilidade e a modificação dos enquadramentos elaborados para definir como interlocutores apreendem, escutam e respondem à interpelação que lhes é endereçada. Ele afirma que, em uma relação, sujeitos são vulneráveis a serem enredados, descreditados, injuriados e humilhados pelos outros. E, não raro, essas vulnerabilidades são geradas pelos enquadramentos, que atuam modelando nossas reações morais e afetos diante de acontecimentos, regulando o que sentimos e as condições de apreensão desse sentimento. Sob esse aspecto, há uma amplificação das condições situadas de vulnerabilidade quando esse desalinhamento se relaciona com a exposição ao julgamento alheio.

A exposição ao julgamento alheio

Uma dimensão de nossa vulnerabilidade diante dos outros tem a ver com exposição à nomeação e categorias discursivas que nos associam, de maneira fortemente estigmatizante, a tipos. A elaboração de tipos, o que chamaríamos de "rótulos", como sabemos, é a forma com que lidamos com a erupção generalizada da novidade. Nossas experiências nos colocam em contato com fenômenos desconhecidos e, portanto, ameaçadores. O gesto de rotular parece ser, então, o modo de estabelecer regularidades num mundo ameaçado pela contingência (Schutz, 1979).

A princípio, a produção de representações tipificadoras não é um problema em si, uma vez que precisamos nos situar dentro de quadros de sentidos e valores já familiares. O problema ocorre quando as tipificações homogeneízam, naturalizam e generalizam as diferenças, apagando conflitos e acentuando polarizações e oposições antagônicas.

Em seu livro *Relatar a si mesmo* (2015b), Butler argumenta que a emergência do eu se faz por meio da interpelação, ou seja, de uma chamada que torna inteligível socialmente o sujeito a quem ela se endereça socialmente. Alguém nos chama, nos nomeia e nos interpela a partir de um enunciado que parece nos definir de fora. Há nesse ato, a explicitação de uma vulnerabilidade linguística, expressa pela dependência da chamada de outro para existirmos.

Butler relembra que, na concepção de Louis Althusser, não se poderia responder criticamente à interpelação, pois o sujeito não teria a consciência necessária de sua opressão. Haveria, no lugar da consciência, uma adesão prévia e culpabilizante à voz externa, associada à norma e à lei, como se houvesse um medo constante e naturalizado de uma condenação feita a priori. Tal abordagem pode ser amplamente criticada, pois impossibilita um questionamento da lei, garante a existência da sujeição e restringe as possibilidades de existir fora da norma. Para Butler (2015b), somos constituídos pela interpelação de um outro que está em posição de criar o que nomeia.

Quando essa interpelação toma a forma de um discurso de ódio, por exemplo, o sujeito se encontra constituído na designação que o lança em uma posição subordinada. Entretanto, Butler argumenta que a visão de Althusser não contemplava as possibilidades de ruptura da norma justamente através da linguagem.

Uma interpelação é um ato de fala e, se assumirmos, junto com Austin (1990), que atos de fala podem falhar, seria possível assumir que os sujeitos interpelados também desafiem o nome que os condena. Assim, se todos somos chamados por nomes, sujeitados por uma interpelação que não esperamos e que nos insulta, em atos de fala que tecem as relações de poder, todos temos também a chance de questionar esses nomes através da fala.

Há uma recursividade nesse movimento: um ato de fala age sobre nós, enquanto também agimos através de um ato de fala. De um lado, atos de fala atuam sobre nós antes mesmo de falarmos: eles nos interpelam pela tipificação. Contudo, de outro lado, podemos falar por nós mesmos quando desafiamos as expectativas previamente estabelecidas acerca de uma pretensa aderência inquestionável entre o nome que deveria nos definir e o nome que de fato define nossas identidades.

Na perspectiva de Butler (2015b), o fato de a identidade ser construída performativamente dentro de relações de poder não significa que não possa ser subvertida. Operar na matriz de poder não é a mesma coisa que replicar de forma acrítica relações de dominação. Assim, o ato performativo do ato de fala pode falhar, pode desviar-se de seu propósito original, em um movimento de pensamento e linguagem contrário a formas aceitas de autoridade, abrindo espaços de desejo nem sempre reconhecíveis de maneira explícita. Um ato de fala subvertido abre condições para a emergência do contradiscurso de resistência, de luta.

Interpelar é, portanto, um gesto, um ritual social que, por meio de exclusão e violência, define as condições linguísticas da existência de sujeitos e vidas tidos como dignos ou indignos de valorização e reconhecimento. A interpelação age através de quadros morais que definem e julgam quem é o outro e quem eu sou.

A interpelação faz parte do processo de formação do sujeito: somos feitos e desfeitos pelo outro, mas essa dinâmica também é uma oportunidade de, ao sermos vinculados ao que não somos, sermos impelidos a agir, abandonando o eu autossuficiente como um tipo de posse.

Definir quem é uma pessoa

Butler (2015b) propõe avaliar o caráter relacional da interpelação como interação recíproca de produção de nossa identidade e da alteridade. Ao mesmo tempo, quando atendo ao seu chamado, minha identidade também se constitui: não se trata de uma relação de dominação ou de apreensão cognitiva e classificação da estranheza alheia (reduzindo-a aos esquemas tipificadores e representacionais que nos permitem dominar o universo das coisas e dos seres viventes), mas de uma relação de responsabilidade, que implica exposição e reflexividade. Ao sermos interpelados, somos também convocados a responder, a produzir um enunciado, uma narrativa, tecida com nossas próprias palavras e a partir de nossas próprias experiências.

Essa relação de responsabilidade é fundamental para pensarmos uma forma política de cuidado, entendida como um processo no qual os sujeitos se articulam e reinventam suas trajetórias, conferindo especial ênfase às potencialidades das quais se dotam, aos recursos que mobilizam, às táticas que colocam em prática, às realizações que alcançam, às solidariedades e aos imaginários que lhes permitem questionar os constrangimentos que pesam sobre eles. Ainda que suas ações sejam constantemente limitadas pelas regras institucionais que delimitam sua vida social, os sujeitos em condições de vulnerabilidade mobilizam recursos para fraturar esquemas e enquadramentos tipificadores.

A abordagem ética de Butler (2015b, p. 24) visa buscar formas de "desenquadre" capazes de colocar em xeque uma realidade que anteriormente era aceita sem discussão, expondo os regimes de violência e de aparência que procuravam controlar o funcionamento dos esquemas interpretativos que zelam pela vida em comum. A prática de "desenquadrar o enquadramento" (2015b, p. 44) não visa apenas encontrar um novo conteúdo para as imagens ou novos enquadramentos para situações de violência, mas também intervir em interpretações já estabilizadas para mostrar seus possíveis pontos de fratura e as brechas que promoveriam outros imaginários políticos.

Nos contextos organizacionais e nos ambientes de trabalho, os processos de interpelação são responsáveis não só pela estigmatização de grupos e sujeitos, mas também atuam na propagação de ideologias meritocráticas ao aprofundarem a relação entre identidade social e condições de reconhecimento. Na seção seguinte, exploraremos algumas dimensões negativas da interpelação, mas também algumas possibilidades de contradiscursos que dão forma a resistências.

Interpelação e vulnerabilidade nos contextos de trabalho

Gostaríamos de trazer aqui uma discussão construída por Andrea Souza e Rafaela Dias (2018) em artigo no qual tratam da ascensão profissional de gerentes negras e negros na cidade de Belo Horizonte (MG). Realizada no ano de 2012, a pesquisa identifica, no relato produzido por 25 gerentes negras e negros de empresas públicas e privadas, a recorrência do argumento meritocrático apresentado como justificativa de seu sucesso, muitas vezes escamoteando as precondições sociais, emocionais, morais e econômicas que interferem no desempenho diferencial obtido por eles.

As autoras relatam que a maioria dos gerentes e das gerentes entrevistadas eram casados(as), tinham filhos e um padrão de vida próximo da classe média. Nos relatos produzidos, é possível perceber como se sentem orgulhosos de terem vencido vários "obstáculos" e de não se considerarem precários ou vulneráveis. Contudo, a marca desfigurante e ultrajante do racismo se faz presente nas respostas e testemunhos trazidos no artigo:

> É, na minha escola meu apelido era "macaca". Eu ficava chateada com isso. Toda criança negra, ou pelo menos toda negra, até hoje, que entra na escola descobre o racismo. A escola é um lugar que se descobre o racismo forte. Porque no ambiente familiar... A família protege, a família cuida muito da gente. E é quando a gente vai para a escola que a gente tem a exata dimensão de que você é

> diferente. E aí tem a coisa do cabelo que as pessoas sempre estão criticando e ridicularizam, tem a cor da pele. Na adolescência, no interior, é complexo porque a menina negra não tem namorado, é difícil você se relacionar. (Maria, gestora pública municipal).

> Na minha escola falavam que eu tinha o cabelo ruim. Aí eu fazia tranças para ficar melhor. E na rua sempre havia xingamentos [...]. Eu não entendia muito bem porque isso acontecia. (Ana, gerente de uma loja de móveis).

> Eu sempre tive problemas com os colegas e com os professores com relação a minha cor. Havia piadas, xingamentos e brigas. As professoras nunca ficavam do meu lado. (Dirceu, gerente de setor de uma grande indústria).

"Piadas", xingamentos, apelidos e injúrias racistas fazem parte de uma interpelação que desumaniza e frequentemente retira dos sujeitos estigmatizados o controle sobre sua própria história, sobre os termos que deveriam prevalecer no momento de ordenar e narrar suas próprias experiências. Aqui, a interpelação produz uma vulnerabilidade social e afetiva que não só nega o reconhecimento, mas acentua o fato de que existe uma "preparação" do sujeito para o reconhecimento e a estima.

A escola é a instituição que molda as condições de legibilidade e apreensibilidade dos sujeitos como dignos de estima social. Parece haver um certo determinismo entre como somos definidos na infância e o destino que nos aguarda no mercado de trabalho. Aquele que rompe com essa expectativa (geralmente de fracasso) faz isso por esforço próprio, pela dedicação e pelo sofrimento derivado de uma saga pessoal.

Mas nem toda interpelação resulta em reafirmação de uma condição de subordinação a ideologias hegemônicas e/ou posições inferiorizantes e desempoderadas. Um estudo elaborado por Ana Flávia Rezende, Flávia Mafra e Jussara Pereira (2018) revela como empreendedoras e empreendedores negros se empenham em criar salões de beleza nos quais incentivam o empoderamento e a valorização da diversidade negra através do cuidado com os cabelos e a estética.

Realizada em cinco salões de beleza da cidade de Belo Horizonte (MG), a pesquisa contou com uma metodologia baseada na observação participante e em cinco entrevistas de história de vida (relatos de si), as quais tiveram como objetivo escutar as narrativas produzidas pelos donos dos salões e entender como as constroem, que termos utilizam e que sentido conferem à própria trajetória.

Na leitura do texto e dos relatos que ele nos aporta, percebemos que os salões especializados no cuidado de cabelos de pessoas negras se constituem como espaços seguros e afetivos nos quais se pode tematizar questões relativas aos padrões de beleza vigentes e como os clientes percebem o que seria considerado belo em sua experiência.

As autoras enfatizam que o salão pode se tornar lugar de refúgio, sem se confundir com uma evasão do real, mas o espaço de refúgio compreendido enquanto espaço de afeto, de reflexividade e de refazimento das narrativas sobre beleza amparadas pelas experiências e vivências negras. Como destaca Patrícia Hill Collins (2019), espaços seguros são importantes para a elaboração da autodefinição de mulheres negras: é neles que são criadas as estruturas próprias de enunciação capazes de fraturar estruturas instituídas e naturalizadas. Assim, a produção de um conhecimento autodefinido é essencial às práticas de liberdade que resistem à objetificação e aos estereótipos que circulam em instituições como família, Igreja, organizações, clubes, etc. Espaços seguros oferecem o contexto para que mulheres negras afirmem a humanidade umas das outras, sua excepcionalidade, o valor de suas vivências e seu direito de existir.

O lugar de refúgio é o lugar de resistência, mas também de transformação da lógica da subalternidade que impõe modelos de identidade racial. A desidentificação com identidades impostas é parte de uma dinâmica dissensual e complexa que configura a construção do sujeito político: não há criação de si fora das normas e enquadramentos que orquestram e definem as formas possíveis que um sujeito pode assumir.

Contudo, a normatividade não permanece invulnerável ante o que Foucault (2019) define como "criação de si", ou técnicas de si, ou seja, um trabalho constante e crítico de cuidado e redefinição de quem somos diante da recusa da identidade que nos é socialmente imposta.

Ser alguém diante das leis não escritas

Dito de outro modo, há uma norma em atuação, invariavelmente social, que impõe identidades, posições de sujeito e condiciona o que será e o que não será um relato reconhecível. Não há como responder à interpelação estigmatizante, seja através de um argumento ou de um relato, sem que essa resposta não se conforme às normas que governam o humanamente reconhecível. É possível negociar e tensionar os termos dessas normas, mas não se colocar fora delas.

Na interpelação, Butler (2015b, 2019) assinala que adquirimos legibilidade social a partir de um quadro de referências moral, que age sobre nós, tenta nos definir e, frequentemente, depara-se com nossa recusa. Para ela, é só dessa forma que tomamos conhecimento dessas normas tácitas de avaliação e julgamento moral. Quando repudiamos as injustiças aí cometidas, começamos a existir como sujeitos reflexivos no contexto da elaboração e criação de um relato narrativo destinado a interpelar quem nos interpela.

A dimensão relacional que constitui a interpelação requer um mecanismo de "acusação" e contra-argumentação em que podemos exercitar reflexivamente os pontos e experiências principais que constituem as identidades que reivindicamos para nós, aquelas em nome das quais buscamos respeito.

É muito importante associar a recusa a um determinado "modo de ser" e de viver imposto pelo capitalismo neoliberal a esses dois movimentos: a consideração da alteridade e a subjetivação política transformadora das individualidades.

O "devir-outro" que move as transformações constitui uma experiência que requer a recusa da sideração e a recusa "do estatuto de sujeito no qual nos encontramos" (Foucault, 2019, p. 35).

No âmbito das organizações, práticas insurgentes também questionam as várias tentativas de disciplinar e controlar aqueles designados como vulneráveis e/ou indesejáveis. Refuta-se a premissa meritocrática que alega que os sujeitos vulneráveis têm que se virar, dentro de um quadro de privatização neoliberal. Refuta-se sobretudo a tese de que as vulnerabilidades trazem efeitos perniciosos à soberania e à autonomia, pois entende-se que o reconhecimento de nossa exposição diante dos outros e de nossa dependência de redes intersubjetivas de apoio constitui-se como "base epistêmica de entendimentos novos sobre desigualdades e como antídoto para um medo endêmico da vulnerabilidade, sentimento defensivo contra agressões externas" (Cole, 2016, p. 262).

Tentativas de alcançar a invulnerabilidade instigam atos violentos e opressivos contra a alteridade, pois ser invulnerável combina a busca por segurança extremada com uma expansão da governamentalidade biopolítica no âmbito institucional e governamental. Mas, ao mesmo tempo que instituições e organizações planejam estratégias imunitárias de contenção de riscos e ameaças, criam e perpetuam vulnerabilidades, elas também são responsáveis pela manutenção das formas de vida. Ao mesmo tempo que as instituições se prestam a buscar respostas e soluções para o que entendem ser nocivo, reproduzindo um esquema opressor de trabalho (em nome de ideologias de progresso e desenvolvimento), elas também se revelam como forças dinâmicas, relacionais e instituintes de imaginários.

Roberto Esposito (2023) argumenta que as instituições não são espaços fechados, estanques, com engrenagens enferrujadas por sua obediência a um poder inatingível, que se esconde atrás de normas e regras inquestionáveis. Para ele, existem instituições que não coincidem com o Estado e suas operações necrobiopolíticas, que asseguram não apenas "a convivência em determinado território, mas também assegurar a continuidade na mudança" (2023, p. 27). De acordo com Esposito, Foucault (2019) e Goffman (2002) traziam uma abordagem das instituições (carcerárias, psiquiátricas e hospitalares, por exemplo) como organizações fechadas, opressoras, destinadas à docilização e ao confinamento repressivo dos sujeitos. Essa percepção gera uma resposta anti-institucional que tende a não reconhecer todas as imbricações entre a elaboração de formas de vida e os espaços (simbólicos ou não) nos quais as práticas de poder dão forma a diferentes jogos e experimentações. Esposito propõe que o trabalho de instituir a vida seja considerado ao lado das práticas biopolíticas de controle, de modo a revelar as várias dimensões instituintes que operam no centro do funcionamento das instituições.

Quando falamos sobre como as instituições e organizações exercem influência em nossas experiências, consideramos que esse impacto deriva não de um poder centralizado, mas de várias esferas decisórias, abertas à transformação, que muitas vezes independem dos governos nacionais e até atuam em escala transnacional. Instituições são porosas às mudanças sociais e políticas: elas são desafiadas, deformadas e desorganizadas pelos acontecimentos que modelam a experiência coletiva. Contudo, a crítica direcionada às instituições e organizações permanece atenta ao modo como suas lógicas reiteram desigualdades e assimetrias com relação ao valor diferenciado atribuído às formas de vida.

A administração da economia moral

Contra o controle administrativo e a governamentalidade biopolítica, Fassin (2015) propõe repensarmos as vulnerabilidades como provedoras de uma outra sintaxe ética, uma ética da responsabilidade que não tem como objetivo condenar os sujeitos a estados crônicos de dificuldades, mas de auxiliá-los em suas decisões práticas no presente, provendo novas ferramentas, habilidades, quadros morais e linguagens alternativas para definir injustiças e politizar injúrias.

Ele destaca o papel desempenhado pelas economias morais na apreciação das vidas: julgamos o valor de um sujeito dentro de quadros de avaliações partilhadas, mas que permanecem não tematizadas. Essas economias definem um senso comum capaz de distinguir o que é ou não digno de reconhecimento, visibilidade e escuta. Em uma abordagem muito próxima daquela adotada por Butler (2015b, 2018b, 2022), ele nos instiga a ver que uma vulnerabilidade não imobiliza nem destitui os sujeitos de ação e autonomia.

Quando lutas políticas emergem para se opor a condições de desigualdade, os sujeitos mobilizam a precariedade e a exposição pública de seus corpos, mesmo quando essa exposição se faz sob um risco de morte. Isso não significa que a vulnerabilidade é convertida em resistência, a ponto de a força triunfar sobre a vulnerabilidade. Força não é o oposto de vulnerabilidade e isso se torna claro quando a própria vulnerabilidade é mobilizada em conjunto, e não como estratégia individual.

Alianças, articulações, colaborações e negociações são, nos contextos organizacionais de interação intersubjetiva, potenciais fontes de consideração, de luta por reconhecimento e de subjetivação política. Tais processos não dependem apenas de uma disposição positiva ao acolhimento da alteridade, mas demandam um aprendizado constante de outras formas éticas de apreensão e avaliação das vidas e formas de vida que, no miúdo do cotidiano, se esforçam para experimentar, manter e tornar duradouros seus conhecimentos e agenciamentos de sobrevivência.

Empreendedorismo e autonomia relacional

Podemos retomar o estudo realizado por Ana Flávia Rezende, Flávia Mafra e Jussara Pereira (2018) quando evidenciam a maneira como empreendedoras e empreendedores negros se empenham em questionar um imaginário colonial e estigmatizante que insiste em associar pessoas negras à pobreza, sujeição e incapacidade de sucesso. Contrariando a meritocracia neoliberal, o estudo revela como produtos e serviços especificamente destinados a pessoas negras podem ter impactos que vão além da estética: salões e espaços de autocuidado se configuram como espaços seguros capazes de proporcionar momentos de conversas e trocas de experiências e saberes. Tais trocas estimulam a autodefinição e a autovalorização, importantes bases para a construção de processos emancipatórios.

Nesse caso, amplia-se a oferta de oportunidades para a construção conjunta de alternativas para a melhoria das condições de vida, evitando reproduzir a ideologia meritocrática que culpabiliza individualmente os sujeitos por seu sucesso ou fracasso. Entretanto, sabemos que mais oportunidades de autorrealização precisam ser acompanhadas da consideração da desigualdade presente no modo como as trajetórias e experiências pessoais estabelecem vantagens e desvantagens no campo social, econômico, político e de trabalho.

A produção relacional de autonomia política requer o amparo às situações de autodeterminação a partir do fortalecimento de redes interpessoais, sociais e institucionais capazes de enfrentar a opressão e a desvantagem. Assim, não há oposição entre autonomia e relações de dependência e interdependência – sempre considerando, claro, que algumas relações e ambientes promovem condições hostis à autonomia e à formação de alianças.

Autonomia e empreendedorismo

A nosso ver, um importante aspecto da transformação trazida pelo empreendedorismo no caso dos salões étnicos está ligado à construção da autonomia relacional das mulheres (Laugier, 2009; Paperman, 2010). A autonomia pode ser entendida como um processo político e relacional que modifica a posição e a experiência do sujeito em suas redes de interdependência social ao mesmo tempo que cria novas alianças e articulações.

A autonomia é um processo de comunicação que modifica a forma de construir a confiança em sua própria experiência, pois o sujeito descobre a validade e a legitimidade de sua trajetória de vida na relação com os outros. A abordagem relacional da autonomia resulta de um processo político de autodeterminação que concebe a experiência como inscrita numa teia de relações, assimetrias e potencialidades que impedem que os sujeitos sejam considerados agentes isolados – ao contrário das práticas comunicativas que os ajudam a definir e defender os seus interesses e preferências (Biroli, 2012, 2013).

Ainda que tenhamos em conta os limites impostos às escolhas (ligadas a vantagens e desvantagens socialmente construídas), as opções de ação que lhes são disponibilizadas, ou que eles próprios desenvolvem no confronto com as instituições políticas e sociais, valorizamos a sua experiência, as suas formas únicas e coletivas de dar respostas aos desafios e adversidades encontrados.

O processo de construção da autonomia relacional altera as condições de vulnerabilidade das pessoas: é um processo transformador, porque modifica os vínculos e as condições (materiais, simbólicas, humanas) que nos permitem viver e garantir nossa agência. A agência toma forma em contextos concretos, em redes de relações que não permitem que os indivíduos sejam considerados de forma isolada e abstrata. As hierarquias e as relações de poder são sustentadas por diferentes critérios e concepções que limitam a capacidade de autodeterminação e autodefinição dos indivíduos (Collins, 2019).

O exercício da autonomia ocorre regularmente com restrições, mas suas possibilidades estão diretamente ligadas às posições sociais desiguais dos indivíduos. As escolhas são socialmente constituídas e motivadas em meio a pressões, desafios e constrangimentos que não necessariamente são percebidos como tais, pois são naturalizados, institucionalizados e internalizados (Biroli, 2016). Os problemas presentes na análise da autonomia, entendida como horizonte normativo e como prática ética, referem-se às possibilidades e capacidades que cada indivíduo terá para desenvolver e definir sua própria vida. Mas os obstáculos a essa autodeterminação têm um impacto diferenciado de acordo com a pertença dos indivíduos aos grupos sociais: eles são organizados estruturalmente e afetam diferentemente de acordo com a posição estrutural dos indivíduos (Mackenzie; Stoljar, 2000).

Segundo bell hooks (2019), valorizar o saber vivido das mulheres envolve reconhecer que sua experiência não é individual, mas compartilhada. O desconforto e o sentimento de injustiça vivenciados em situações concretas não resultam de uma espécie de desajuste individual, mas sim da violência a que as mulheres são submetidas. A autonomia relacional envolve pensar a potencialidade de uma reflexão e de uma agência pautada pela solidariedade, pela partilha e pelo empreendimento coletivo diante da necessidade de construção das bases éticas e morais que orientam a formação das preferências, das identidades e das escolhas individuais e comuns. O fato de as mulheres viverem e elaborarem formas de vida em diferentes condições de vulnerabilidade pode ser um elemento que configura sua ação relacional e autônoma imperfeita (Biroli, 2013), mas intrinsecamente ligada à vivência e manutenção da vida cotidiana.

Como veremos na seção seguinte, a agência relacional e autonomamente imperfeita das mulheres se articula também ao modo como o trabalho do cuidado é atribuído a elas, diante do enraizamento da ideologia neoliberal que direciona a mulheres, frequentemente mulheres negras empobrecidas e migrantes, a tarefa de zelar pela sobrevivência de crianças, idosos e jovens, liberando os demais para garantir o oferecimento das atividades legitimamente designadas como importantes. Fabienne Brugère (2023) destaca que o tema do cuidado não se confunde com maternagem ou com o provimento de necessidades básicas de sobrevivência pelo trabalho feminino. A ética do cuidado enfatiza a importância da relação entre vulnerabilidade e interdependência como dimensões práticas e sociais que requerem o questionamento da imagem do sujeito empreendedor, tão propagada pela racionalidade neoliberal. O cuidado não pode ser associado à suposta virtude moral e afetiva "inerente" às mulheres (cristalizando uma imagem redutora e universalizante), nem mesmo a algo que está restrito ao espaço doméstico, à vida privada. Brugère argumenta a favor de uma abordagem ampliada e politizada do cuidado, que seja articulada com a dimensão moral da justiça, pois o respeito pelas diferenças considera que vulnerabilidades distintamente situadas demandam diferentes formas de acolhimento, escuta e resposta. Contra uma teoria da justiça abstrata e distanciada da vida cotidiana, a ética do cuidado questiona desigualdades de poder que naturalizam uma ideologia do cuidado que marginaliza as demandas dos mais vulneráveis e despreza laços de solidariedade, sobretudo em espaços de gestão.

O atual sistema político global pouco considera a preocupação com as desiguais experiências de vulnerabilidade. Políticas públicas e institucionais pensadas sob o signo da universalidade são extremamente limitadas para considerar os conhecimentos vividos e alterar as condições precárias de sujeitos e grupos inscritos em diferentes ambientes e contratos de trabalho. A valorização do "conhecimento vivido" das mulheres é, para Catherine Mackinnon (2005), o reconhecimento de que a subjetividade delas não lhes foi negada, de que sua identidade não foi invalidada e de que os lugares de fala que elas sustentam não podem ser destituídos de sua dimensão fundante e articuladora.

A produção de um lugar de fala, de acordo com Djamila Ribeiro (2018, p. 61), envolve um trabalho cuidadoso de autodefinição e autorrealização, feito a partir da experiência individual constantemente entrelaçada com a experiência coletiva e com as "condições sociais que permitem ou não o acesso a lugares de cidadania". Assim, um lugar de fala não vai isolar uma posição identitária, mas colocá-la em relação às múltiplas condições de vulnerabilidade que amplificam desigualdades e hierarquias. Sob esse aspecto, a autonomia relacional ajuda na construção de lugares de fala que possam refutar e recusar as normas e narrativas legitimadas por grupos dominantes, alimentando outros enunciados, outras formas de expressão e discursos ligados ao cuidado, à amizade e à prática da liberdade.

Assim, um aspecto importante da transformação operada pela valorização da autodefinição está ligado à forma como a autonomia relacional requer outra abordagem do cuidado como processo político (Collins, 2019). A sororidade é muito importante no processo de construção da autonomia porque muda a forma como o cuidado é compartilhado entre as mulheres. Para bell hooks (2019), a sororidade expressa uma solidariedade entre mulheres que vai além do reconhecimento positivo de experiências comuns de sofrimento. Ela aposta na solidariedade, na comunhão e nas formas relacionais enredadas pelo processo de autodefinição e autorrespeito como trajeto potente para práticas compartilhadas de liberdade e transformação.

O cuidado mútuo

Esse vínculo de solidariedade expressa um compromisso compartilhado de lutar contra as injustiças, trabalhando em prol da evolução de mudanças nas condições de vulnerabilidade comumente ligadas ao sexismo, ao patriarcado e à opressão de gênero. A construção de redes de apoio, de espaços seguros e de zonas de refazimento redefine as condições nas quais as mulheres desenvolvem sua autonomia com base no cuidado recíproco.

O cuidado não pode ser confundido com um tipo de tratamento especial que conferimos àqueles e àquelas que reconhecemos como importantes ou valorizáveis. Ainda que o cuidado envolva avaliações morais, ele não deriva de julgamentos de valor. De modo mais amplo, o cuidado nos expõe a vários riscos e nos impõe diversas obrigações que são fundamentais para modelar nossas vidas (Brugère, 2023). Por isso, ele é "uma atividade que inclui tudo o que fazemos para manter, continuar e reparar nosso 'mundo' para que possamos viver nele da melhor maneira possível. Este mundo inclui nossos corpos, nós mesmos e nosso ambiente, que todos procuramos tecer em uma teia complexa e vital" (Tronto, 1995, p.142).

Essa abordagem ética do cuidado considera-o não só em sua dimensão de atenção aos outros (o atendimento de suas necessidades básicas, a proteção e a escuta ampla), mas também em sua interface com todos os elementos mobilizados para a realização do trabalho ordinário que torna nossas vidas possíveis. A ética do cuidado definida por Joan Tronto requer uma virada em nossas concepções de responsabilidade, uma vez que ela se apoia sobre uma revisão crítica das condições históricas que favoreceram uma divisão moral do trabalho, em virtude da qual as atividades ligadas ao cuidado foram desvalorizadas e associadas a dimensões interseccionais: mulheres pobres, migrantes e negras, por exemplo, ao desempenharem o trabalho de cuidar de outras pessoas, acentuam a percepção estigmatizante relacionada a essas atividades.

A distribuição do cuidado, através da qual se pode interferir as condições de vulnerabilidade dos sujeitos, depende de padrões de dominação e organização históricos que podem resultar da sedimentação de papéis de gênero, do desenvolvimento de estruturas econômicas específicas, ou de construções ideológicas para incentivar as mulheres a assumir voluntariamente tarefas e deveres que servem à sociedade (Laugier, 2016; Biroli, 2012). Outros dispositivos, como a ideia de vocação (por exemplo, a mulher teria uma vocação inata para cuidar de crianças), asseguram com igual eficácia a invisibilização do trabalho de distribuição de responsabilidades, ao mesmo tempo que atribuem pesos morais distintos à relevância percebida de tarefas ligadas ao cuidado.

O trabalho de negociação das condições de vulnerabilidade leva em conta os marcos que definem as condições legais e sociais de reconhecimento, visibilidade, legibilidade e audibilidade dos sujeitos considerados adequados ou inadequados à condição de interlocutores dignos de respeito e escuta (Ferrarese, 2016). Os problemas relacionados à avaliação e julgamento moral de vidas precárias não param de se aprofundar em contextos de desigualdade e ausência de políticas inclusivas, violência e intolerância.

Respeito e dignidade também exigem a reconfiguração dos espaços institucionais de negociação, interlocução e construção da autonomia política dos sujeitos. Sem essa reconfiguração, "o reconhecimento se torna parte da própria prática de ordenar e regular os sujeitos de acordo com normas preestabelecidas" (Butler, 2015b, p. 202). Sob esse aspecto, a transformação das condições de vulnerabilidade dos sujeitos está ligada a práticas de cuidado que se formam para além do sentimento de compaixão ou empatia, uma vez que, muitas vezes, esses sentimentos encerram a realização das ações na própria disposição em auxiliar.

Falar do cuidado nos termos de uma atividade ética alarga sua abrangência para além do paradigma da compaixão. Segundo Laugier (2015) e Brugère (2023), pensar na promoção da responsabilidade relacional significa considerar a percepção do cuidado não como mera disposição (o que se sente), mas como prática (o que se faz), tendo em vista uma abertura às necessidades de outras pessoas. Diante da contingência e do inesperado, em situações de urgência e de incerteza, é importante redefinir novas formas de vincular-se através do cuidado, da preocupação com o próximo e da manutenção da integridade de todas as pessoas que reciprocamente sustentam laços coletivos. O cuidado atua na manutenção do fio da vida ordinária, de tudo o que permite à vida manter sua trama e encontrar um ritmo viável: ele é uma sustentação para a vida e para a vulnerabilidade humana, com especial atenção ao que resiste à dor, ao sofrimento e ao desastre (Laugier, 2015).

Cuidar é, sob esse aspecto, investir em uma prática ética pautada por gestos e ações que visam buscar maneiras de modelar e estabelecer formas de vida mais humanas e dignas no desgastante trabalho de refazimento dos vínculos de reciprocidade que sustentam o cotidiano. O trabalho do cuidado se preocupa com a reprodução material, social e cultural da vida humana e sua manutenção em um contexto histórico específico, pois o paciente trabalho de elaboração e proteção de formas de vida não está desvinculado da organização das instituições, das relações de poder e dos constrangimentos que limitam as escolhas e a autonomia das pessoas. Quando o leque de escolhas possíveis é reduzido, a fabricação e manutenção de um modo de vida demandam uma revisão constante das possibilidades de ser cuidado e de cuidar dos outros a nossa volta, sem deixar de alimentar uma relação ética de responsabilidade e atenção contínua que preserva a dignidade e a vida.

De acordo com Ferrarese e Laugier (2018), diante de mecanismos de controle cada vez mais restritivos, a prática do cuidado requer uma sensibilidade aos detalhes que escapam às lógicas cerceadoras, aos saberes vindos da experiência vivida, uma vez que são esses conhecimentos não mapeados que muitas vezes geram condições de proteção e de reparação constante das formas de vida. Os saberes vividos, corporificados e partilhados como dádiva possuem a potência de reparar e criar elos e articulações que, justamente por não serem negligenciáveis, demandam um grande trabalho físico, moral e ético.

É a prática do cuidado, definida relacionalmente, que orienta a redefinição da confiança, sobretudo quando a maior parte de nossas interações é mediada e experienciada nos ambientes organizacionais. Nesses ambientes, valorizam-se as demonstrações de invulnerabilidade e de habilidade em "dar conta" dos desafios e das crises. Revelar-se vulnerável e identificar a vulnerabilidade como parte daquilo que vincula uma equipe a um projeto coletivo são gestos repudiados pela maior parte das lideranças em contextos organizacionais. Muitos líderes não reconhecem que a capacidade de responder à vulnerabilidade, assim como a aptidão para percebê-la, longe de serem questões de sensibilidade inerente ou de figurarem como reações emocionais incontroláveis, são o resultado de uma distribuição socialmente organizada do cuidado.

Por isso, a análise do cuidado como processo e como prática ética, e não apenas como relação interindividual ou trabalho de proximidade, permite questionar a organização e a distribuição de responsabilidades entre as suas diferentes equipes e núcleos de gestão. Isso possibilita compreender como são consideradas as necessidades de cuidados num quadro mais amplo (institucional, político) e como são consideradas as formas de lhes dar respostas guiadas por parâmetros de justiça.

O objetivo dessa abordagem é politizar as relações de cuidado e os afetos que elas engendram, considerando criticamente a exclusão, no debate público, dos valores, linguagens e preocupações que se estabelecem sobretudo a partir das posições das mulheres nas relações de cuidado.

As formas de violência nas organizações

No interior das organizações, em suas práticas de comunicação interna, também podemos encontrar várias formas de violência psicológica e simbólica. Como acentua Fábia Lima (2018), há uma grande assimetria entre os agentes e atores organizacionais quando se trata, por exemplo, de produzir e compartilhar conhecimentos. Para essa autora, quando uma organização faz circular conhecimentos, é importante questionar os sentidos das palavras e a quem interessa manter naturalizada a noção de que o conhecimento é "transmitido" (e não construído de forma compartilhada) nas organizações. Sob esse aspecto, a noção de "transferência" do conhecimento subjuga os sujeitos organizacionais, admitindo para eles a naturalização e a diferenciação das funções de emissor e receptor na circulação de significados predefinidos, anulando sua potência e capacidade criativa para construir sentidos autonomamente

(Lima, 2018). Para a autora, esse processo enraíza formas de controle hegemônicas nas organizações, acentuando o potencial de dominação de práticas discursivas que dificultam e até inviabilizam a autonomia e a emancipação.

Se, de um lado, é possível perceber uma ampliação de processos dialógicos que buscam a produção de entendimento a partir da multiplicação de situações de comunicação e partilha de saberes, de outro lado, há ainda uma grande resistência de gestores em incentivar práticas mais democráticas de tomada de decisão. Infelizmente, as disputas de poder em contextos de trabalho ainda são fortemente marcadas pela hierarquização, pelo reforço de práticas decisórias verticalizadas e pela ampliação de casos de racismo, machismo e transfobia.

Fernanda Moraes e Cleusa Scroferneker (2018, p. 5), por exemplo, acentuam em suas pesquisas os traumas e conflitos gerados pelo assédio moral organizacional, revelando os sentidos articulados em uma rede perversa de relações "que produz significados distintos e que se refletem na subjetividade do trabalhador". Segundo elas, as vítimas de assédio moral produzem relatos e narrativas que denunciam a repetição sistemática e a naturalização de uma cultura organizacional marcada pela violência legitimada em discursos, modelos de gestão e práticas cotidianas.

Segundo as autoras, no Brasil, os estudos acerca do assédio moral organizacional apontam o aumento de situações nas quais a violência, sutil ou explícita, é constantemente usada e reconhecida nas práticas diárias das empresas e/ou de gestores específicos. Observando casos de denúncia envolvendo assédio em contextos organizacionais, elas mostram como ofensas, humilhações, agressões e xingamentos que acontecem de modo repetido e prolongado transformam o ambiente de trabalho em um campo minado por hostilidades, inseguranças e torturas psicológicas. Assim, segundo Scroferneker, Moraes e Gomes (2021), o assédio moral apoia-se no ato de desqualificar e fragilizar a vítima, com o objetivo de neutralizar sua autonomia e desqualificar suas ações.

A lei e a justiça, como pilares para a construção de um horizonte moral para a conduta coletiva, deveriam possibilitar a elaboração de uma alternativa para a violência potencial ou efetiva. Sobretudo se considerarmos a presença da diversidade identitária que caracteriza os colaboradores de uma organização. Contudo, o que o trabalho de Moraes e Scroferneker (2018) revela é que muitas vezes o sistema jurídico referenda discursos e práticas favoráveis aos agentes organizacionais mais poderosos, mediante a manutenção de suas posições de privilégio. Certamente, as lutas sociais e cívicas são transpostas e reconfiguradas no contexto do trabalho: sua ressignificação constante evidencia o embate entre uma perspectiva da gestão da diversidade e um escopo amplo de demandas por reconhecimento, respeito e valorização. Mas a maneira como essas lutas são encampadas ou mesmo diluídas pelas lógicas de gestão vigentes reduz a margem de manobra para se traduzir uma injustiça vivenciada como problema de interesse coletivo.

O ambiente de trabalho vem sendo constantemente apontado como origem de sofrimento social e moral, fruto da constante renovação normativa que não assegura proteção, pois seu descumprimento se apoia na fluidez e nas brechas existentes no conjunto de regras que deveria assegurar a ética e a responsabilidade coletiva (Vieira, 2008).

Além disso, a precarização do trabalho e o adoecimento dos trabalhadores conduzem a um estado de esgotamento e conflito frequente nas organizações, favorecendo a construção de fronteiras e trincheiras impermeáveis a mudanças e tentativas de comunicação. Os fluxos dialógicos se tornam armadilhas e passam a compor estratégias perigosas de violência velada ou, como dissemos, da perversidade consensualmente praticada e naturalizada. Em nome de um falso reconhecimento dos colaboradores de uma organização, se cometem agressões e crimes os mais cortantes: a desfiguração dos sujeitos retira deles a possibilidade de emergirem em sua dignidade, como alteridade radical que não se pode aniquilar, uma vez que dela depende nossa própria humanidade. Como manter a integridade diante da desumanização e da reiteração de normas que agem em prol da operação biopolítica do poder? Sob esse aspecto, é vital nos indagarmos acerca do problema da regulação e limitação do poder das organizações de um ponto de vista interno e externo.

Segundo Scroferneker, Moraes e Gomes (2021), o assédio moral nas organizações coloniza as relações e alimenta vínculos perversos nos ambientes de trabalho, notadamente protagonizados por gestores ou funcionários que contam com a anuência e a proteção de agentes de mais alta hierarquia. Esses agentes intimidam e constrangem os trabalhadores de modo a mantê-los em silêncio, resignados e frequentemente alimentando a culpabilização das pessoas que, em contrapartida, acreditam estar desenvolvendo resiliência (atitude que é muito valorizada no ambiente de trabalho e raramente percebida como parte de uma ideologia neoliberal de controle). Além disso, segundo as autoras, a exposição dos trabalhadores a situações de embaraço (Goffman, 2002) influencia na perda de autoconfiança, da estima social e da confiança nos sistemas de direitos e sua capacidade de proteção.

Situações de assédio moral envolvem condutas que expõem o trabalhador a situações humilhantes e constrangedoras, que causam danos à sua integridade e à sua reputação e que amplificam as condições de vulnerabilidade em um ambiente de trabalho hostil e ameaçador (Freitas; Heloani; Barreto, 2017). Em situações de assédio moral, o sofrimento não é uma situação pontual, mas persiste em vários episódios e espaços, constrangendo o trabalhador e afetando-o na relação de autoestima, na relação com os outros colegas e com o próprio trabalho que realiza (Vieira, 2008).

O assédio moral organizacional, portanto, revela o sentido de uma "rede perversa de relações" (Mendes; Araújo, 2012, p. 6), que produz significados distintos e que se refletem na subjetividade do trabalhador e em sua capacidade de manter vínculos saudáveis de interdependência. Nesse sentido, "a contribuição daqueles que rompem o silêncio e tornam visíveis as práticas de assédio moral organizacional, por meio da comunicação dissidente", é importante para a transformação da cena organizacional e dos tensionamentos de poder que nela se delineiam. (Scroferneker; Moraes; Gomes, 2021, p. 12).

Além disso, revelar e discutir coletivamente situações de assédio configuram ações de justiça, cuidado e responsabilidade ética capazes de alterar o ambiente de trabalho e estimular reivindicações de reconhecimento e práticas de resistência. Sabemos que normas nos precedem e agem sobre nós, e que somos compelidos a reproduzi-las, mas é aí que podem ser encontradas formas de romper com padrões mecânicos de repetição, ressignificando e suspendendo as cadeias de normatividade, fazendo surgir o inesperado.

Mesmo em meio à reprodução de códigos opressores em contextos organizacionais é possível encontrar brechas para fragilizar e alterar relações de violência. Nesse caso, trata-se de caracterizar e entender como o discurso e o poder institucional afetam nossa autorrealização, constrangendo nossas ações e minando os vínculos de confiança interpessoais e institucionais.

Redefinir os vínculos de confiança

É importante lembrar que a autorrealização, segundo Mead (2010) e Dewey (2008), envolve a expansão e o florescimento intersubjetivo do *self* através de sua participação em uma comunidade política. Dito de outro modo, é na experiência intersubjetiva que os sujeitos possuem mais oportunidades de detectar e nomear as vulnerabilidades que os atingem, compartilhando narrativas e definindo uma dinâmica pública de colaboração e articulação.

Tal dinâmica é reflexiva e auxilia a identificar o que todos entendem como desrespeito, injustiça e opressão, não apenas porque um certo número de pessoas foi exposto aos mesmos eventos, passou por coisas semelhantes, mas também porque elas nomearam e definiram juntas um problema coletivo por meio de suas perguntas, suas investigações, suas análises e o alinhamento de suas reações.

Mais do que pensar na confiança como chave da libertação de relações opressoras (é impossível localizar-se fora de relações de poder), seria importante pensar a confiança como uma prática relacional, como atitude tomada em relação aos outros e às instituições, conectada com arranjos que desenham outras interações possíveis.

É assim que Louis Quéré (2005) entende os "dispositivos de confiança", ou seja, a maneira como as relações entre o outro (pessoa, instituição ou organização), o próprio sujeito e as condições situacionais são articuladas em arranjos interacionais voltados para o trabalho de redefinir e reduzir incertezas, alterar condições de vulnerabilidade e encontrar alternativas de entendimento e solução de problemas coletivos.

Os dispositivos de confiança funcionam a partir de componentes básicas entrelaçadas:

> (a) a confiança impessoal (confiar em equipamentos, estruturas e instituições);
> (b) a confiança como disposição (avaliamos os outros a quem nos expomos e a eles nos entregamos, esperando que não sejamos lesados ou injuriados);
> (c) a confiança interpessoal (pautada pela composição e recomposição constante de nossas negociações, afetos, atitudes e intenções).

Assim, cada componente aciona alguns arranjos, cria alguns dispositivos, mas também se ampara nas outras e em seus próprios modos de funcionamento. É importante salientar aqui que as noções de dispositivo e arranjo são tomadas a partir da perspectiva de Michel Foucault (1994, p. 299), para quem o dispositivo é "o sistema de relações que se pode estabelecer entre elementos heterogêneos (discursivos e não discursivos)", que, "em dado momento histórico, teve por função maior responder a uma urgência". Entre esses elementos "há um jogo, mudanças de posição, modificações de funções", que geram arranjos "em um processo contínuo de preenchimento estratégico". Sob essa abordagem, a confiança demanda a elaboração de arranjos que definem dispositivos que alteram uma dada "lógica interacional", gerando espaço potencial de desvio, de criação, de ajuste e de invenção social.

Quéré afirma que nas situações desenhadas em cada uma das condições presentes nessas três situações de confiança estaremos expostos aos outros: "entraremos em um estado de vulnerabilidade aceita e parcial, no qual, por mais que desejemos, não podemos controlar ou vigiar aquele a quem nos entregamos" (2005, p.187).

Colocar-se deliberadamente em situação de vulnerabilidade revela uma aposta em um acionamento do "mecanismo" a partir de uma perspectiva interpessoal, situacional e institucional, afirmando que a confiança não se reduz à adoção de posturas, atitudes, apostas ou padrões de comportamento apenas, mas abrange as ações que precisam de interações e vínculos fortes para enfrentar desafios e problemas coletivos.

No âmbito das organizações, a confiança muitas vezes é associada à credibilidade, à autoridade daqueles que devem tomar decisões e à existência de uma hierarquia. Contudo, Quéré (2001, 2005) afirma que essa forma de vínculo não é a confiança, uma vez que ela não se confunde com um julgamento acerca da credibilidade de uma pessoa ou instituição. Muitas vezes a confiança é confundida com a estabilidade de expectativas em torno da regularidade e do bom funcionamento de instituições e práticas.

Em outros momentos, alguém pode ser avaliado moralmente como digno de confiança, mas não ser acionado no momento em que um problema grave aparece. Assim, essa avaliação é de ordem racional, mas a confiança é algo elaborado relacionalmente em situações práticas. Nesse sentido, a adoção de "*power poses*" (Cuddy, 2016) ou exercícios que prometem ampliar a autoconfiança de maneira a tornar alguém mais respeitado no trabalho não necessariamente vai permitir a criação de redes capazes de alterar mecanismos mais estruturados e cristalizados de ação coletiva.

Ao definir a confiança como resultado dos agenciamentos de dispositivos complexos de arranjos intersubjetivos, Quéré se mostra preocupado em caracterizar a confiança a partir da abordagem do pragmatismo, evidenciando como ela deriva dos engajamentos de um sujeito em relação com outros, em situações nas quais se apresentam riscos, inseguranças, incertezas e dificuldades de manter a coesão de um grupo. Sob esse viés, a confiança não é um título ou um crédito oferecido a alguém, ela é uma forma de relacionar-se e de elaborar uma forma de comum em que a incerteza é explorada coletivamente, problematizada, enfrentada, gerando aprendizados partilhados em experiências comuns e transformadoras.

É importante assinalar que o comum não emerge apenas da identificação de um interesse coletivo e de suas formas de representação e inteligibilidade, mas a partir de um trabalho de articulação, de criação de alianças e montagens entre diversas posições, afetos, argumentos, interesses (Tassin, 1992). A partir dessa operação de criação de alianças emergem problemas públicos, conflitos ganham contornos e sinalizam outras possibilidades de enquadramento, soluções e redesenhos de temporalidades, espacialidades e corporeidades. É no trabalho coletivo de elaboração do comum que a realização individual e coletiva se configura.

Ser confiante e produzir relações situadas de confiança para problematizar questões coletivas e incertezas são coisas bem distintas. Além disso, as relações situadas de confiança não se amparam apenas em bases racionais de crença, avaliação e julgamento. Segundo Quéré (2001), elas são dinâmicas e envolvem múltiplos dispositivos e seus arranjos internos e externos, conjugando um "discurso da confiança" com "práticas de confiança". Ao se interessar mais por essas práticas, Quéré retoma o valor do engajamento recíproco para evidenciar a importância da valorização de um comum que emerge da confiança derivada da experiência vivida individualmente e coletivamente em atividades de cooperação. A confiança como prática envolve estruturas cognitivas e normativas para "embasar a escolha de um tipo de relação, da modulação do engajamento e da implicação dos sujeitos" (2001, p. 135).

A prática da confiança, como operação relacional e como dispositivo, oferece a um grupo ou equipe a oportunidade de conhecer pela investigação conjunta, pelo questionamento de parâmetros universais e naturalizados, pela atitude ética de adoção de uma linha de conduta em relação aos outros: nas redes movidas pela confiança há pouco espaço para ataques pessoais, desqualificações de argumentos ou de interlocutores, críticas a posturas supostamente marcadas por baixa estima.

Em uma organização, as pessoas buscam, em suas equipes de trabalho, organizar sua experiência amparando-se em seus saberes, capacidades, lealdade, boa-fé e nas regularidades dos comportamentos e do ambiente (que não é apenas um meio no qual agimos, pois ele também toma parte nas operações necessárias à organização da ação). Mas uma grande parte dessa organização requer um investimento que tematiza e explora inseguranças e vulnerabilidades em operações que configuram modos de associação na experiência de uma situação em que pessoas encontram uma forma de agir e enfrentar os desafios em comum.

Capítulo 4

Diferença e desrespeito em cenas organizacionais

Jessica Bennett, jornalista do *New York Times*, publicou em 2016 um livro destinado a mulheres que trabalham em ambientes corporativos nos quais a predominância masculina (em número, na ordem discursiva e em postos mais elevados) cria fortes obstáculos para a autorrealização e a autoconfiança feminina. A obra foi traduzida e publicada em 2018 no Brasil com o título *Clube da Luta Feminista: um manual de sobrevivência (para um ambiente de trabalho machista)*, trazendo prescrições extremamente práticas acerca de como minar o machismo nas organizações através de "dicas, truques, macetes, táticas de guerra", capazes de supostamente produzir "a mudança do sistema a partir de dentro" (Bennett, 2018, p. 29). O livro é direcionado para mulheres que reconhecem que seus ambientes de trabalho são "tóxicos", povoados de homens que as interrompem em reuniões, que se apropriam de suas ideias, que as tratam de forma desrespeitosa e assediadora, que as acusam de histéricas, loucas, incapazes e impostoras. Bennett formula "táticas de combate" bem objetivas a partir de exemplos, documentos, estudos acadêmicos e citações de vários autores para aumentar a confiança dessas mulheres e irmaná-las na luta contra a vulnerabilidade no espaço de trabalho.

Por mais que essas dicas práticas produzam efeitos pontuais e auxiliem no processo de autovalorização, a confiança em si mesma tende a ser reduzida por Bennett a uma habilidade a ser desenvolvida individualmente a partir de mudanças gestuais, comportamentais e ambientais. De acordo com Byung-Chul Han (2018, p.45), o sujeito deve transformar-se no empresário de si, que tolera a dor que irá otimizar qualidades cultivadas pela dominação neoliberal "que visa explorar não apenas a jornada de trabalho, mas a pessoa por completo, a atenção total, e até a própria vida." As táticas de guerra pouco afetam as institucionalidades violentas e hierárquicas, mantendo estruturas enraizadas de desigualdade a partir do controle dos corpos e das vontades. Os macetes fornecidos por Bennett parecem mais corroborar aquilo que Eva Illouz e Edgar Cabanas (2022) chamam de fundamento da "happycracia", ou seja, uma forma de entender o sucesso e felicidade como fruto de atitudes alimentadas pela força de vontade, pelo treinamento de nossa potência interior, pela valorização de nossa capacidade psíquica e emocional como única maneira de mensurar a qualidade de nosso trabalho e sua eficácia em evitar o desrespeito e a injúria.

Na happycracia, o enquadramento de histórias de sucesso ressalta sempre como pessoas que alcançam o sucesso expressam serem fiéis a si mesmas, resilientes, motivadas, otimistas e com alto grau de inteligência emocional. Illouz e Cabanas (2022) destacam como essas narrativas dão a entender que sucesso e fracasso, felicidade e infelicidade, autonomia e dependência são escolhas e, como tais, resultam das ações e avaliações subjetivas. A ideologia meritocrática se assenta sobre a "mercantilização de histórias pessoais de transformação, redenção e triunfo pessoal – uma espécie de pornografia emocional voltada a moldar a forma como as pessoas devem se sentir a respeito de si mesmas e do mundo que as rodeia" (2022, p. 16). As biografias exemplares estão presentes em todas as livrarias, em matérias de jornais, nos romances e séries televisivas.

Nesse sentido, bell hooks (2019) vai mostrar como o convite neoliberal para ampliar a autoconfiança acaba contribuindo para reforçar o controle institucional e simbólico que dociliza os corpos através da resiliência. Para hooks, mulheres negras são instadas, em seus contextos de estudo, trabalho e família, a operar mudanças de comportamento de maneira individual. Frases prescritivas e imperativas, como "não se deixe intimidar"; "encontre a motivação certa"; "sorria sempre"; "ache sua luz interior"; "encontre sua voz, mas não grite" etc., possuem o intuito de orientar as mulheres negras a obter autoconfiança e a confiarem mais em outras mulheres.

Contudo, hooks (2019) critica fortemente esse programa pseudofeminista, uma vez que ele atua através de estratégias nas quais as mulheres negras agem positivamente e de modo solitário para remodelarem suas posturas e gestos dentro das realidades capitalistas existentes, em vez de questionar e transformar as bases que mantêm e naturalizam desigualdades e assimetrias. Esse tipo de fortalecimento sustentado pela ideologia meritocrática e pela individualização das soluções capazes de alterar condições de vulnerabilidade alimenta afetos positivos (jamais a raiva, o ódio, o impulso de vingança) como a alegria, a esperança e a superação através de representações que continuam sustentando o neoliberalismo e o racismo.

Incentivar uma forma de empoderamento que foca no fortalecimento da confiança como algo a ser trabalhado pelo próprio sujeito faz com que mulheres localizem, identifiquem e tematizem a suposta fonte de seus problemas cotidianos, permitindo um tratamento "eficaz", com soluções supostamente adequadas às suas rotinas, sem importar os contextos, as situações socioculturais e as interseccionalidades (hooks, 2019). Soluções como ferramentas capazes de ampliar a confiança levam à compreensão equivocada de que a vulnerabilidade pode ser "eliminada". "O estereótipo da mulher negra como forte, resiliente, apta a superar todas as privações e necessidades é um exemplo nesse sentido" (Bueno, 2020, p. 94).

As considerações de Collins e hooks nos oferecem uma pista importante para pensar acerca do processo de elaboração do livro de Jéssica Bennett. No prefácio da obra, ela conta que o manual surgiu a partir de encontros que tinham o objetivo de cultivar relações de confiança, amizade e cuidado: os diálogos e trocas de experiência acabavam contrariando expectativas, promovendo fraturas, desestabilizando sentidos e alterando os arranjos que articulam as mulheres em suas lutas e demandas ligadas ao trabalho. Sob esse aspecto, o livro de Bennett investe muito pouco em um aspecto que nos pareceu fundamental: a amizade entre as mulheres que frequentavam os encontros presenciais do Clube da Luta Feminista na cidade de Nova York. Antes de o livro ser publicado, cerca de doze mulheres, entre 20 e 40 anos, se encontravam no apartamento de uma delas para falar sobre seus empregos:

> As reuniões eram a estrutura – mas as amizades, os e-mails, as saídas e as risadas eram o combustível, fazendo passar o tempo até as coisas melhorarem, sem a tentação de cometer uma imprudência e mantendo a alegria. Aquilo era o nosso respiro, era saber que não estávamos sozinhas (Bennett, 2018, p. 284).

A experiência da amizade desloca o sujeito de si mesmo, promove sua abertura ao outro e, assim, se contrapõe à individualização neoliberal. Ela questiona a tendência narcísica da lógica do "empreendedor de si mesmo" e promove uma abertura ao eros, à alteridade que nos interpela (Han, 2018). Para Patrícia Hill Collins (2019, p. 184), o cuidado e a amizade entre mulheres produzem espaços seguros nos quais "o conhecimento construído do 'eu' emerge da luta para substituir as imagens de controle pelo conhecimento autodefinido, considerado pessoalmente importante, um conhecimento muitas vezes essencial para a sobrevivência das mulheres negras". Quando imagens de controle são questionadas e rasuradas coletivamente em condições de escuta, partilha, cuidado e afeto, esse movimento contribui para "o empoderamento das mulheres negras por meio da autodefinição, ajudando-as a resistir à ideologia dominante" (Collins, 2019, p. 185). Acreditamos que essa reflexão vale para todas as mulheres que sofrem violências e abusos em contextos de assimetria de poder.

Sabemos como Patrícia Hill Collins (2019) critica um entendimento neoliberal da busca por autoconfiança, que aponta mulheres negras como potenciais sujeitos com problemas de confiança, em vez de explorar como isso pode estar ligado a uma sociedade preconceituosa (e ao modo como transformá-la). Assim, a ênfase recai sobre os recursos psicológicos necessários para sobreviver e se tornar invulnerável.

A invulnerabilidade seria a solução para a falta de autoconfiança e de autoestima, consideradas como "estados frágeis" que precisam ser combatidos. Isso em nada altera o funcionamento da máquina neoliberal, e das economias de controle, pois é justamente a imagem de "mulheres empreendedoras de si" que tem se tornado objetivo maior das representações e enquadramentos sociais e midiáticos a serviço do capital e de um equilíbrio na correlação de forças que favoreça determinados sujeitos, grupos e instituições, enquanto relega outros ao ostracismo, à humilhação e à morte.

A meritocracia também perpassa as relações intersubjetivas em contextos organizacionais, interferindo, como veremos no tópico seguinte (que aborda a noção de reconhecimento em Axel Honneth), nos padrões de comportamento, no senso de estima e nos anseios pessoais e coletivos dos sujeitos em seus contextos de trabalho. A pressão por adesão dos trabalhadores à "cultura da empresa", seus valores e práticas frequentemente acaba levando ao silenciamento, ao conformismo e ao consenso. A opção pelo ideal do consenso em detrimento da responsabilidade ética coletiva, da empatia, da amizade e da solidariedade transforma a esfera do trabalho em "um domínio despolitizado e psicologizado em que os trabalhadores, e não as empresas, tornam-se o principal objeto de intervenção gerencial" (Illouz; Cabanas, 2022, p. 160).

As formas do negativo

A pesquisadora Katie Howard (2019) busca apoio na abordagem de Judith Butler (2019) sobre a vulnerabilidade para mostrar o quanto as emoções subjetivas e sociais mobilizam afetos em situações nas quais a integridade moral, simbólica e física se encontra ameaçada.

No contexto do trabalho, as violências e desigualdades ativam sentimentos morais que nos demandam reconhecer a importância da mobilização dos afetos para transformar justamente os quadros afetivo-morais que definem quais pessoas serão dignas de consideração e proteção. Segundo Howard, os afetos nos atravessam e nos modificam, enquanto as emoções expressam o gesto que nos faz sair de nós mesmos (ou seja, sair de nossa tendência à individualidade). Ao mesmo tempo, o sentimento se relacionaria à apreensão sensível de nosso mundo. Contudo, para essa autora, as três noções possuem pontos de interseção: emoções nos indicam quando uma situação é vivenciada como injustiça, ativando, então, sentimentos morais que nos conectam com afetos que regulam processos de reconhecimento social e moral das demandas por justiça.

Howard (2019) aponta que as condições de vulnerabilidade estão relacionadas com o modo através do qual alguns afetos reproduzem situações de opressão. Muitas vezes, demandas são negligenciadas, porque as pessoas que as elaboram são percebidas como indignas de consideração. Falta responsabilidade ético-política coletiva que considere os contextos de exploração, de colonialismo, de injustiça. Trata-se, para ela, de produzir um gesto de abertura à alteridade capaz de produzir uma resposta que seja localizada e situada. Isso envolve pensar a sensibilidade dos corpos imersos em contextos que definem e redefinem vulnerabilidades e se relacionam com normas morais e quadros de valores que marcam os contornos de uma vida digna.

Nesse sentido, afetos como a vergonha, a humilhação e a injúria configuram sentimentos morais que fazem parte da marcação de territórios de classificação e governamentalidade das vidas tidas como indignas. Assim, Howard entende que os afetos organizam as pessoas em uma ação política crítica e direcionam sujeitos e grupos para a produção de respostas pautadas pela responsabilidade.

Se considerarmos que a vergonha priva pessoas vulneráveis de suas redes, de suas epistemes, suas solidariedades e de sua força de oposição, é possível entender que ela não é só uma emoção subjetiva. Experiências individuais de vergonha fazem referência a uma realidade política ampla, que é saliente para membros de grupos subordinados. A vergonha se entrelaça com a manutenção de ordem social que suprime, que posiciona socialmente o sujeito em uma relação hierárquica.

No contexto das organizações, a vergonha possui dimensões morais e físicas, ela opera nos corpos, nos discursos e nas interações simbólicas, deformando o espaço psíquico, o espaço social e também o espaço corporal das pessoas, que passam a se afastar umas das outras. Sob esse aspecto, sentimentos morais como a vergonha podem dar início à criação de cenas polêmicas que tematizam a relação desigual que se estabelece entre os interlocutores, interferindo na própria configuração da situação de comunicação/interlocução.

Quando Marques e Mafra (2014) afirmam que os sujeitos se tornam "seres de palavra" nos momentos em que criam e se engajam em espaços de enunciação conflitiva, eles também consideram que geralmente é o processo de tematização de opressões que dá origem à conversação política em ambientes organizacionais. Para os autores, a fim de tematizar os efeitos coletivos de um afeto político, os sujeitos entram na negociação dissensual e inventam a cena na qual se percebem como parceiros autônomos, reciprocamente reconhecidos e positivamente validados (Rancière, 1995). Essa atividade de invenção permite uma redescrição e reconfiguração do mundo comum da experiência – movimentos que dependem fortemente do reconhecimento recíproco, da escuta e do compromisso de ser responsável pela apresentação e representação das diferenças.

Inventar uma cena de conflito e dissenso em contextos organizacionais pode permitir "a expressão de uma pluralidade de vozes que se valem do diálogo para dar visibilidade a (fazer aparecer) suas próprias diferenças, instaurando o quadro de uma prosa social sempre fragmentada/estilhaçada" (Marques; Mafra, 2014, p. 14). É por esse caminho que, constituindo-se como um espaço em que a igualdade é permanentemente verificada pelos sujeitos, a comunicação organizacional configura-se como âmbito conflitivo, pautado por nuances, por vezes, agressivas e violentas, apresentando-se como possibilidade de reorganização do espaço moral organizacional, revelador da potência política presente (ou ausente) nos modos de apresentação e representação dos sujeitos falantes.

Elaborar o conflito como cena

Marques e Mafra (2014) acreditam que a filosofia política de Rancière (1995, 2010, 2018) pode nos ajudar a estudar a construção de conflitos nos contextos organizacionais a partir da valorização de dinâmicas nas quais os interlocutores se definem como sujeitos de palavra (elaboração e escuta) e não só de voz. Esse processo demanda a criação e a recriação de uma cena polêmica de expressão e argumentação na qual cada ator deve construir sua autonomia política, isto é, suas habilidades de argumentar, de traduzir suas experiências e, com isso, despertar empatia e, sobretudo, de torná-las inteligíveis decodificando-as através da explicitação do mundo no qual elas fazem sentido. Em cenas dissensuais, cada ator busca questionar nomes que lhes foram atribuídos de maneira hierárquica (identidade social imposta), ou seja, busca existir na conexão e desconexão de vários nomes, espaços, cenas e discursos. Tal questionamento lhes permite outra compreensão de como seus corpos, demandas, ações e narrativas podem ser autodefinidos e autodeterminados.

O gesto de reorganizar, redefinir e alterar disposição de corporeidades, temporalidades e espacialidades é o que configura, para Rancière (2018), uma infrapolítica, ou seja, uma multiplicidade de pequenos gestos e arranjos que não se resumem a produzir resistência, mas a indicar caminhos possíveis para a autonomia e a emancipação. Infrapolíticas de resistência restringem as ações dos sujeitos dentro do campo da experiência definido pela ordem consensual. Contudo, a prática de criação de cenas de aparecimento pode trazer a chance de um gesto emancipatório que abre um novo enquadramento, um novo comum partilhado, uma outra imaginação política.

Situações dialógicas estabelecidas nas cenas de dissenso podem auxiliar os atores organizacionais a compreender quais são as condições e possibilidade de tematização política de suas vulnerabilidades, das assimetrias de poder que atravessam suas relações e dos possíveis arranjos a serem criados para redefinir os dispositivos interacionais (Braga, 2012) que os mantêm em contato e em interdependência. Tais dispositivos resultam de redes entramadas de elementos, localizados em uma historicidade dos vínculos comunicacionais e das interações sociais (estabelecidas, por exemplo, em uma dada organização), entrelaçando uma diversidade imensa de episódios, discursos, institucionalidades e temporalidades.

Ao misturar a dramaticidade da cena teatral com a racionalidade da cena argumentativa, a cena de dissenso contribui para uma interface possível entre a identificação de vulnerabilidades e a criação de quadros hierárquicos de experiência que determinam que certos sujeitos sejam considerados ou desconsiderados como interlocutores nas comunidades que se articulam em contextos organizacionais. O dissenso promove, então, um desarranjo nos dispositivos interacionais assimétricos, abrindo a chance de novos rearranjos, inteligibilidades e agências.

Vulnerabilidades que aparecem e ganham corpo(s) em cenas de dissenso acionam presenças e materialidades que questionam as hierarquias que condicionam a experiência sensória: a *mise en scène* das vulnerabilidades traz dramaturgias moventes que, por sua vez, deslocam dissensualmente a partilha desigual do que pode estar visível, legível e pensável.

A cena de interlocução

A configuração da própria situação de interlocução depende da existência de uma "cena na qual se colocam em jogo a igualdade ou a desigualdade dos parceiros de conflito enquanto seres falantes" (Rancière, 1995, p. 81), além da existência daqueles que aparecem ou que podem aparecer nessa cena. Nesse sentido, a política, para Rancière, está associada à instauração de uma cena dissensual na qual "um argumento possa ser ouvido como argumento, os objetos presentes nesse argumento possam ser percebidos como visíveis, assim como os sujeitos que o proferiram possam ser vistos como visíveis" (Rancière, 2004, p. 37).

A caracterização da cena como espaço de uma aparição polêmica dos sujeitos é central no pensamento político de Rancière, uma vez que, para ele, o real objeto do conflito político é justamente a existência de uma situação de fala e o status de validade da identidade assumida pelos participantes nessa situação.

Assim, a interlocução política, para Rancière, se desenvolve precisamente em situações nas quais nenhuma cena existia a priori para regular os parceiros de interlocução ou as questões pertencentes ao domínio do comum. A política seria, então, o próprio conflito sobre a existência e a invenção desse espaço, dessa cena, "sobre a designação de objetos concernentes à maioria e de sujeitos capazes de uma palavra comum" (Rancière, 1995, p.11). A invenção da cena é possível quando aqueles que não participam da definição e resolução de questões coletivas inventam uma forma de fazer "como se" sua participação contasse como legítima.

O que é próprio do dissenso é que os parceiros não estão de antemão constituídos, nem o objeto de discussão e nem mesmo a cena de conflito. Aquele que deseja mostrar que faz parte de um mundo comum que o outro não vê, deve criar uma cena de aparição que é, antes de tudo, uma ruptura com a previsibilidade da racionalidade consensual, criando uma narrativa experimental e dissidente (Rancière, 2004, 2018, 2021).

Novamente destacamos que o "aparecer" envolve uma outra maneira de pensar e realizar uma distribuição e organização dos corpos e das capacidades, questionando as posições já assinaladas e distribuídas. Assim, Rancière (2018, 2021) descreve a montagem e funcionamento da cena como pequena máquina de interrupção de explicações pré-fabricadas. Para ele, a cena atua como uma máquina que interrompe o tempo normal da experiência, recusando a continuidade causal de organização das narrativas e reconfigurando as aparências, os aparecimentos e suas formas de legibilidade.

O diálogo é um espaço de elaboração do conflito e dos próprios sujeitos políticos que aí aparecem. Em espaços de trabalho marcados por tensões diversas e por uma pluralidade desigual e estilhaçada de vozes, o trabalho do diálogo visa contribuir para a criação de cenas de dissenso, nas quais sejam tematizadas e tratadas as avaliações sensíveis que estabelecem quem pode ser contado como interlocutor ou não.

A criação de microdispositivos a partir de arranjos disposicionais (Braga, 2012) de conflito pode fazer funcionar uma cena de dissenso capaz de produzir comunidades de experiência orientadas para a elaboração de um comum que seja pautado pela confiança, pela responsabilidade moral e pelo cuidado.

Todos os aspectos mencionados nos levam a crer que Rancière (2018, 2021) nos auxilia a refletir acerca de como o processo de construção de cenas de dissenso em contextos organizacionais pode oferecer a chance de se investir na elaboração de um espaço de jogo enquanto operação de desmontagem de assimetrias e de refazimento de vínculos de confiança (Marques; Martino, Mafra, 2021; Marques; Mafra, 2018). Tal operação envolve a construção de uma combinação específica de posições sem deixar que elas recaiam em posturas imutáveis e polarizadas.

Em contextos organizacionais, a construção da cena de dissenso nos permite compreender as condições de vulnerabilidade dos interlocutores envolvidos, uma vez que eles encontram formas de "aparecer" (como se apresentam e como apresentam suas ideologias, crenças, seus valores); formas de criar uma sintaxe por meio da qual as palavras ditas se tornam audíveis, e corpos se redefinem e se visibilizam. Na cena, as assimetrias comunicativas e constrangimentos de poder que marcam as interações são evidenciados, assim como o quadro de sentido no qual os argumentos de um interlocutor contam como argumentos convincentes.

Assim, os interlocutores que montam a cena, ao se nomearem como pertencentes a esta ou àquela categoria, ao dizerem desta ou daquela experiência, ao testemunharem sobre tal ou tal fato que os atravessa, entram em um delicado jogo de aproximação e afastamento dos "nomes" comumente usados para defini-los, buscando também tematizar qual é o cenário discursivo polêmico que se cria em torno deles.

É por isso que a construção de cenas conflitivas pode alterar as condições de visibilidade, vulnerabilidade, consideração, escuta e reconhecimento dos sujeitos (Honneth, 2006). Criar e manter tais condições requer o investimento em articulações, alianças e vínculos de cooperação pautados na ideia de que a autonomia política é resultado de experiências coletivas de interdependência, reciprocidade e responsabilidade.

Subjetividades, conflitos e reconhecimento

Para Axel Honneth (2006), os espaços organizacionais de trabalho são fonte de um processo de reconhecimento que frequentemente não proporciona a subjetivação política necessária à emancipação. Quando ele define o "reconhecimento como ideologia", mostra como a busca por reconhecimento não se reduz ao mérito individual ou aos constantes elogios direcionados à produtividade e à criatividade dos sujeitos para vencerem dificuldades. Segundo ele, a associação entre reconhecimento e ideologia meritocrática no contexto das organizações reafirma a estrutura hierárquica de poder e mantém a ordem social conservadora, que é estruturalmente baseada na desigualdade.

Sob esse aspecto, um sujeito pode desejar ter reconhecida sua contribuição à ordem comum no âmbito do trabalho (estima social), mas se essa contribuição for lida e moralmente percebida como pertencente a uma forma de vida negativamente avaliada, temos um falso reconhecimento, ou seja, um reconhecimento que não altera as condições concretas em que um sujeito ou grupo são considerados como pares, como interlocutores dignos de respeito e estima.

O reconhecimento ideológico não promove a autorrealização, pois ele apenas reforça o aspecto meritocrático da contribuição que alguém oferece ao coletivo: é como se a valorização ocorresse "da boca para fora", transformando um elogio na máscara perfeita para uma premiação superficial. A relação de desigualdade perdura e, em alguns casos, é até acentuada. Trata-se menos de atender a demandas enunciadas e mais de fazer valer expectativas que compõem esquemas interpretativos legitimados e orientados por padrões éticos e morais que em nada alteram a condição do sujeito.

A crítica que Butler (2018a) direciona a Honneth está associada a essa indagação, uma vez que ela não acredita que a avaliação moral feita a partir da posição da correspondência entre demanda/expectativa de reconhecimento seja capaz de alterar esquemas morais e biopolíticos de percepção, apreensão e valorização das vidas. Butler (2018a) ressalta que, quando se reconhece alguém através de sua correspondência ou não às expectativas sociais legitimadas, afirma-se seu exato lugar em uma ordem assimétrica e hierárquica que autoriza certos comportamentos e gestos enunciativos, enquanto impede e cerceia outros.

A individualidade dos sujeitos, suas experiências próprias, crenças e ações só fazem sentido quando expostas ao outro, quando reforçadas pelo apoio solidário vindo da alteridade. O reconhecimento do mundo do outro deve envolver, além de laços afetivos, éticos e políticos, uma comunicação ligada ao engajamento dos sujeitos sociais na produção de um mundo comum. Nesse mundo partilhado, eu me apresento diante do outro e espero dele compreensão, uma certa abertura ao diálogo, pois é através dessa relação de respeito (nunca isenta de conflitos) que as narrativas identitárias se moldam e se expressam, relações se estreitam ou são cortadas.

Honneth (1995, 2003) acredita que, na medida em que a consciência da individualidade dos sujeitos cresce, eles se tornam mais vulneráveis à experiência do desrespeito, a qual pode causar sérios danos ao relacionamento que cada indivíduo mantém com seu respectivo projeto de identidade e com a coletividade. Nessa imagem normativa do *self*, todo indivíduo depende da constante influência e reconhecimento vindos do Outro.

A maneira como nos posicionamos perante o outro, oferecendo nossa individualidade ao perscrutamento alheio, obedece muito menos a regras explícitas, institucionalizadas, do que a conveniências implícitas, acordos tácitos de comportamento subentendidos e tidos como moralmente certos e "bons". Tais acordos de conveniência não se separam do mundano, do rotineiro, dos significados compartilhados cotidianamente, mas fazem parte do processo de socialização humana.

O rosto vulnerável do outro

O encontro, mediado ou face a face, entre diferentes identidades marca a importância adquirida pela dimensão do reconhecimento social e de um processo de discussão coletiva capaz de apontar alternativas de solução para conflitos e modos de opressão e desrespeito. Aqueles que sofrem injustiças simbólicas anseiam não só por novas formas de representação, mas pelo reconhecimento da legitimidade de seus modos de vida.

No entanto, a comunidade resiste em considerar e (re) conhecer aqueles indivíduos que não se adéquam às regras implícitas de conveniência que regem a gramática dos estilos de vida sociais. Este desafio requer uma percepção sensível das diferenças de opinião e de gostos, pois a ética, enquanto reflexão crítica acerca de preceitos morais, diz justamente de um questionamento, reformulação e justificação das condutas por nós adotadas em busca do bem-viver.

Tal busca não se refere a uma posição unicamente individual, mas já pressupõe o encontro com o outro. A vida que cada um projeta para si tem que considerar necessariamente os outros e os contextos institucionais de afirmação e delineamento de nossas relações, mas temos que ter em mente que a luta por justiça não é travada apenas no campo dos discursos e das normas que orientam os debates públicos e coletivos.

Seyla Benhabib (1986) afirma que o princípio ético discursivo é excessivamente exigente, uma vez que requer que os sujeitos aprendam a colocar interesses coletivos e generalizados acima de suas demandas e anseios, buscando entender a perspectiva dos outros e ultrapassando as suas próprias. Ela aponta que, ao invés da perspectiva de um outro idealizado (uma coletividade ideal), os participantes do debate público deveriam se preocupar com o "outro concreto", ou seja, aquele que não precisa anular suas características individuais para construir o bem comum. Aliar singularidades à busca de um "comum" faz parte do exercício prático da ética, em sua confluência com a estética e a política.

A obrigação social de apresentar e representar o "eu" para o "outro" na vida cotidiana, de rastrear todas as ofensas que lhe são feitas e zelar pela reparação das ofensas infligidas ao "eu" e ao "outro" requer uma forma de comunicação na qual os interlocutores se posicionam a partir de esquemas cognitivos e sociais, éticos e estéticos para atribuir ou negar valor aos outros.

Na relação comunicativa de reconhecimento mútuo, prevalece o conflito, uma tensão que busca negociar quais são os parâmetros que são utilizados para atribuir um valor aos sujeitos, seja no plano das relações privadas, jurídicas ou sociais (Anderson; Honneth, 2011). O reconhecimento social recíproco reflete o momento partilhado da experiência moral, na qual os indivíduos se colocam como portadores de necessidades e buscam compreensão e aprovação/valorização junto aos outros.

Honneth (2003) e Fraser (1997) salientam que a busca por reconhecimento envolve o questionamento e o exame desses padrões e códigos sensíveis (estéticos no sentido de que definem formas e modos de apreensão e legibilidade das alteridades) nos quais nos baseamos para atribuir valor aos outros. Nesse sentido, o reconhecimento está diretamente relacionado ao status social e discursivo atribuído aos indivíduos, ou seja, se eles são reconhecidos como parceiros de debate moralmente capazes de formular e sustentar pontos de vista e posições na esfera pública, ou se eles são vistos como incapazes de contribuir para o progresso coletivo, sendo tratados como inferiores e dignos de desprezo.

Ambos ressaltam que o reconhecimento não é alcançado somente pela via do discurso, ou seja, da presença de todos em esferas públicas tidas como suficientemente igualitárias e sensíveis à diversidade. Quando formas de desrespeito causam danos morais nos sujeitos, não só o seu autoentendimento fica comprometido, mas suas possibilidades de uma inserção social marcada pela confiança recíproca, pelo respeito moral e estima social.

Honneth ressalta que a vulnerabilidade dos sujeitos, ligada à implicação moral do reconhecimento mútuo, torna-se especialmente evidente quando ganhamos clareza acerca dos danos morais que "ferem as pessoas em uma compreensão positiva de si mesmas" (2003, p. 213). Assim, a integridade e a identidade dos indivíduos dependem do estabelecimento de padrões de relacionamento intersubjetivo capazes de assegurar assentimento, aprovação e valorização do outro.

Mas, para Honneth, é a violação do reconhecimento que nos permite perceber a qualidade moral de uma situação que nos atinge. É quando a integridade física e moral de nosso próximo está em risco, quando seu rosto é desfigurado (Levinas, 1999), que sentimentos morais de solidariedade e responsabilidade podem dar origem a questionamentos e lutas por respeito e estima social.

Trata-se de lutas contra a opressão, a marginalização e o desprezo que levam os indivíduos e grupos ao ostracismo social, a situações de humilhação e invisibilidade, fazendo com que percam seu status de agentes moralmente capazes de se expressar em igualdade de condições com os outros. Anderson e Honneth (2011) afirmam que formas de desrespeito produzem também a necessidade de formas de reconhecimento capazes de devolver aos indivíduos e grupos o devido respeito. Mas se os sentimentos de humilhação e injustiça ficam restritos aos indivíduos singulares que os sofrem, ou mesmo ficam restritos ao domínio privado, poderiam eles constituir-se como formas de resistência e transformação das normas?

O reconhecimento social recíproco reflete o momento partilhado da experiência moral, na qual os indivíduos se colocam como portadores de necessidades e buscam compreensão e aprovação junto aos outros. A autorrealização dos sujeitos e a evolução moral da sociedade se entrelaçam de modo a evidenciar que, de um lado, a realização de si não pode se restringir à interpretação de certos ideais de vida particulares e, de outro lado, que a sociedade deve alimentar padrões simbólicos de julgamento que, ao invés de depreciar e estigmatizar, apontem caminhos para a construção positiva de identidades individuais e coletivas (Butler, 2018a).

Quando formas de desrespeito causam danos morais nos sujeitos, não só o seu autoentendimento fica comprometido, mas suas possibilidades de uma inserção social marcada pela confiança recíproca, pelo respeito moral e pela estima social (Honneth, 2003). A qualidade moral das relações sociais não pode ser medida apenas segundo o critério da repartição justa ou injusta dos bens materiais (Fraser, 1997). Nem tampouco podem ser solucionadas apenas com o desenho de fóruns públicos de debate pretensamente inclusivos e isentos de assimetrias de poder. Nossa ideia de justiça engloba nossas concepções sobre a maneira como os sujeitos se reconhecem uns aos outros ao mesmo tempo, como iguais e particulares.

Mas esse reconhecimento recíproco é constantemente minado por processos de dominação simbólica (Bourdieu, 1980), que se impõem através de atos coletivos de categorização que dão margem a diferenças negativamente marcadas. A negação da existência pública, uma das mais fortes formas de dominação e opressão simbólica, leva ao ostracismo social e à construção, por parte do dominado, de uma imagem de si adequada ao ponto de vista dominante.

Ao falar sobre as diferentes formas de opressão presentes nas relações intersubjetivas contemporâneas, Iris Young (1990) se preocupou em distinguir formas de inibição das capacidades dos indivíduos. Todas elas refletem um conceito de justiça ligado a "condições institucionais que tornam possível a todos aprender e usar capacidades de modo satisfatório, participar de processos decisórios e expressar sentimentos, experiências e perspectivas sobre a vida social em contextos nos quais possam ser ouvidos" (Young, 1990, p. 91).

A opressão e a injustiça ocorrem quando um indivíduo é privado de exercer suas habilidades e mostrar suas capacidades num contexto em que sua condição de cidadão permite que ele seja reconhecido pelos demais.

Além disso, uma forma de opressão simbólica destacada por Young diz respeito a como os significados dominantes em uma dada sociedade sufocam e tornam invisíveis as perspectivas particulares de um grupo específico. Não obstante, uma perspectiva marginalizada ou uma forma de vida liminar encontram maneiras alternativas de habitar o mundo, de torná-lo habitável e de circular, de modo camuflado, entre os discursos legitimados e legitimantes.

A alocação do vulnerável

O vulnerável e o precário oscilam entre esses dois lugares e, por isso mesmo, nos desafiam a contemplá-los, a considerá-los e a desacelerarmos nossas expectativas de apreensão e categorização rápida e superficial. Compreendê-los requer tempo, requer abrir espaço à aproximação da alteridade, do inquietante outro que ainda não se entregou ao conceito e à rigidez da classificação biopolítica.

A governamentalidade biopolítica coloca dificuldades aos sujeitos para que possam passar da voz à palavra (fala acompanhada de escuta), pois suas operações de controle visam disciplinar os sujeitos e seus comportamentos a partir de um quadro de sentidos que os atrela à culpabilização individual, ao isolamento e à derrota. Ser vulnerável e precário no contexto do capitalismo predatório e de alta performance competitiva é demonstração mais clara do sucesso da "Happycracia" (Illouz; Cabanas, 2022).

Contudo, a biopotência minoritária pode agir sobre a biopolítica do controle, ao revelar como as vulnerabilidades situadas e desafiadas podem desenhar formas de vida para sujeitos e grupos que não são facilmente classificáveis, pois são excessivos, existem entre identidades, sobrevivem e escapam à tentativa de serem capturados.

A sedimentação de ideias, sentidos, gestos e práticas através do cuidado lhes assegura uma vida possível e articulada aos objetos e à perseverança de uma forma de agir que tenta produzir um mundo que seja habitável. A definição do que é uma vida humana e do que conta como vida está no centro dos embates contemporâneos (Butler, 2019, 2022; Fassin, 2015). Não é possível subestimar as potencialidades, táticas, realizações, imaginários e solidariedades que permitem aos sobreviventes escaparem dos constrangimentos que pesam sobre eles.

A subjetivação política depende do reconhecimento conflitual de uma forma de vida que possa garantir a escuta aos apelos dos outros num jogo de enunciação e de invenção de cenas nas quais as palavras se tornem audíveis e os sujeitos reconhecidos: operações de criação, de fabulação pelo trabalho com a linguagem, que trazem a possibilidade de resistência contra a reprodução e o governo necropolítico dos modos de vida e dos comportamentos. Impõe-se a nós a difícil tarefa de buscar formas originais de inventar caminhos e táticas de autorrealização e realização coletiva, uma vez que: "não há vidas sem qualidade; só há vidas desnudadas e desqualificadas: desnudadas por algum tipo de violência, desqualificadas por alguma ausência de consideração" (Macé, 2018, p. 32).

Essa lógica da maximização, da eficácia e da separação moral das vidas, sobretudo no contexto do trabalho, isola as pessoas da experiência que renova e transforma, substitui a memória e a produção processual do imaginário por respostas condicionadas, trocando o impulso criador pela repetição. Uma tal atrofia do olhar e das disposições éticas com o outro e com as decisões a serem tomadas situacionalmente prejudica os processos de comunicação e renovação dos fazeres laborais. O necrocapitalismo elimina a cada dia a possibilidade de apreendermos os outros como seres singulares, criadores de formas de vida que buscam e tentam encontrar os recursos e possibilidades de reelaborar constantemente seu cotidiano (Butler, 2022). Quando os sujeitos são "lidos" e percebidos em termos de manipulação, controle, resiliência e assujeitamento, não há espaço para a consideração nem para o respeito. Em consequência, não há justiça possível, pois ela depende de um jogo de equilíbrio entre as normas e as singularidades das vidas diante das quais não podemos permanecer indiferentes.

A apropriação da dimensão do afeto

Diante da imposição de um imperativo de invulnerabilidade, a busca por autopreservação aniquila qualquer atenção, cuidado ou resposta que possam ser direcionados aos outros. Contudo, é possível perceber que o necrocapitalismo empresarial também se serve da empatia, da solidariedade e dos sentimentos morais para criar formas de cooperação verticalizadas, mas quase nunca entre pares. A empatia vira um recurso para pacificar, prevenir crises, solucionar conflitos sem nunca alterar as estruturas desiguais de reconhecimento. Segundo Ferrarese (2017), a empatia tem sido considerada uma competência profissional, uma capacidade de criar e alimentar relações e vínculos. Uma habilidade inata que, claro, pode ser premiada e mensurada (sobretudo pela forma como se despista a indiferença, como se mascara a brutalidade e como se simula consideração):

> A competência emocional e moral dos líderes (moral fitness) envolve empatia e atitude amigável, que devem demonstrar a capacidade do líder de cooperar com os outros, enquanto trabalha o autocontrole que é performado na manutenção de um distanciamento dos outros. [...] Contudo, tal conhecimento moral não tem como intuito colocar um fim nos sofrimentos ou atender a demandas enunciadas. A atenção ao particular existe apenas nas ações e nos gestos, não pode ser a mera externalização de um preceito ético (Ferrarese, 2017, p. 183).

É importante também considerarmos que as disposições morais para assumir responsabilidade ética por "um outro que sofre" ainda são fortemente distribuídas nas organizações de modo a onerar as mulheres. Os dispositivos de dominação masculina reafirmam ideologias de gênero que empurram para as mulheres uma certa e suposta "vocação" para o cuidado, o acolhimento e a escuta.

Ainda que a figura do líder, do chefe empático, tenha ganhado espaço no âmbito das organizações, a estratificação emocional no trabalho ainda pende desfavoravelmente para as mulheres, destinando a elas uma performance ligada à desvalorização e à má remuneração (Illouz; Cabanas, 2022). A retórica da empatia obtém sucesso quando os sujeitos se mostram pretensamente atentos e responsivos aos outros, sendo inclusive reconhecidos como preocupados com o bem coletivo. Essa subjetivação revela uma frieza distanciada, ou uma precariedade das disposições morais que, dissimuladas sob cuidados empáticos, reproduzem um reconhecimento ideológico e falso (Honneth, 2005).

Assim, é importante conhecer os termos, as convenções e as normas gerais que atuam na produção de enquadramentos de modo a moldar um indivíduo em um sujeito reconhecível e apto a conquistar um reconhecimento que o auxilie na construção de sua autonomia e soberania. Essas categorias e normas que preparam ou estabelecem um sujeito para o reconhecimento, que induzem um sujeito desse tipo, precedem e tornam passível o ato do reconhecimento propriamente dito. Nesse sentido, como defende Butler (2015a), a condição de ser reconhecido, moldada pelos enquadramentos, precede o reconhecimento e requer nossa extrema atenção.

Nicole D'Almeida (2015) salienta que os conflitos morais nas organizações são muitas vezes encobertos por uma retórica que nos reenvia a uma visão pacificada da organização e dos públicos engajados nas atividades dessa organização. Aqui opera, segundo ela, um trabalho de eufemização que mascara a conflitualidade e o trabalho sutil de hierarquização das prioridades relacionais.

A comunicação, a ética e as alteridades em processos relacionais de subjetivação e conflito no ambiente organizacional configuram, a nosso ver, uma cena dinâmica e conflitual, polifônica e hierárquica, na qual autoridade e autoria, experimentação e controle, biopolítica e biopotência se intersectam e se perturbam mutuamente, indissociáveis de uma ação individual e coletiva que produz um "devir-outro" no âmago da ordem consensual.

Capítulo 5

Da vida precária a autonomia

Um artigo publicado pelas pesquisadoras Janaína Amorim e Thaisa Bueno em 2023 revela dados sobre a violência de gênero e o assédio sexual contra mulheres jornalistas que atuam nas redações de Imperatriz, segunda maior cidade do Maranhão. A partir de uma abordagem interseccional, as autoras caracterizam as desigualdades presentes na rotina jornalística desses espaços através da realização de entrevistas abertas, em profundidade, com cinco jornalistas. As entrevistas foram feitas presencialmente, no ano de 2019, e trazem uma reflexão muito importante acerca de como a interseccionalidade atua como uma racionalidade que estrutura a experiência de mulheres, e não como apenas como um conjunto de marcadores sociais que evidenciam a desigualdade entre as identidades.

As autoras conseguem identificar criticamente práticas que estabelecem uma relação entre opressões, de maneira que as condições de vulnerabilidade de mulheres jornalistas se modificam como resultado do questionamento das situações de assédio por elas vivenciadas. Nesse sentido, os marcadores sociais de raça, gênero, sexualidade e classe não apenas interagem, criando interfaces entre as combinações dos elementos, mas se relacionam de maneira articulatória, transformando os próprios marcadores em si. Assim, a interseccionalidade e suas categorias de articulação participam na construção de visibilidades, estabelecendo coordenadas para a apreensão e julgamento de mulheres e, sobretudo, de mulheres negras.

Uma das conclusões apresentadas pelas autoras mostra como as mulheres que sofrem assédio estão subordinadas hierarquicamente às avaliações morais machistas que orientam os processos decisórios dentro das empresas em que trabalham.

A pesquisa revela também como as mulheres entrevistadas sinalizam uma ameaça constante à sua integridade e à sua autonomia no ambiente de trabalho. Elas tematizam a maneira como são responsabilizadas pela administração de seu tempo, equilibrando vida pessoal e profissional sem deixar que "problemas domésticos" interfiram em sua produtividade, assimilando um padrão corporativamente imposto de eficiência e desempenho que não admite falhas ou "desculpas" relativas a dificuldades para atingir metas estabelecidas.

As jornalistas entrevistadas relatam que são vistas como totalmente responsáveis por administrar seu desempenho e conduta, reforçando como a autonomia é vista como fruto do entrelaçamento entre autocontrole, autorregulação e autoestima. Essa abordagem psicológica da autonomia é criticada por Illouz e Cabanas (2022, p. 166), pois enfatiza a autonomia como processo de modelagem "interior" do sujeito, de suas disposições íntimas e emocionais. Segundo eles, adaptar-se aos valores da empresa não significa total submissão a seus critérios de controle. O que muitas vezes se observa é que trabalhadores não participam de processos dialógicos nos quais podem questionar e colocar em xeque políticas excludentes que não se importam de fato com o desenvolvimento das pessoas, mas sim com a máxima capacidade de sua dedicação a uma empresa que, cinicamente, busca convencer que "reconhece" o empenho de cada pessoa.

Esse entendimento da autonomia como processo relacional de autodefinição e busca por reconhecimento é parte do investimento teórico feito por autoras como Flávia Biroli (2012, 2013). Para ela, a autonomia combina a capacidade de construir e conduzir a própria história com a identificação das condições de vulnerabilidade que marcam o espaço de vida e de trabalho das pessoas e, sobretudo, das mulheres.

A autonomia não é algo que se conquista isoladamente, a partir de técnicas psicológicas que prometem habilidades emocionais e cognitivas para ter o controle necessário diante de constrangimentos institucionais. A autonomia não está relacionada ao individualismo ou à autossuficiência que apaga as particularidades das relações sociais que constituem as trajetórias dos sujeitos e cerceiam suas escolhas e preferências.

A individualidade e a liberdade subjetivas são configuradas situacionalmente "tendo como base padrões de vantagens e desvantagens socialmente estruturados, que se desdobram em constrangimentos e incitações mesmo quando não há repressão ou coerção" (Biroli, 2016, p. 44). Elas também, por isso mesmas, não podem ser pensadas de maneira descolada de aspectos culturais e de socialização. Ao invés disso, sua construção é intersubjetiva e exige que pensemos sobre:

> (a) relações de poder;
>
> (b) elementos ligados a valores, práticas e modos de subjetivação;
>
> (c) experiência;
>
> (d) competências comunicativas originadas nas redes interativas que as pessoas estabelecem umas com as outras.

Com relação ao domínio da experiência, Biroli (2013) argumenta que, mesmo considerando as limitações impostas às escolhas dos sujeitos (ligadas a padrões de vantagens e desvantagens socialmente estruturados que se desdobram em constrangimentos diversos), é possível sustentar que as opções de ação que a eles se dispõem valorizam sua experiência.

As possibilidades de ressignificação da experiência vivida, sem desconsiderar relações de poder, trazem para o centro da reflexão a capacidade de experimentar o próprio corpo como objeto de leis e regras, mas também como protagonista na definição da posição da mulher no mundo. Aqui é importante enfatizar que o corpo é fortemente marcado por aquilo que as relações concretas e o ambiente social permitem que ele seja, mas ganha existência também à luz dos projetos e formas de atuação dos indivíduos em relações de engajamento com os outros (Biroli, 2012; Butler, 2019). Nesse caso, "marcas de gênero não podem ser evitadas, mas o modo como o gênero marca uma vida individual é específico e variável" (Biroli, 2013, p.89).

A tensão entre discursos, ideologias e representações hegemônicas e, de outro lado, a singularidade das experiências vividas, corporificadas e narradas dão a ver que não se pode reduzir a zero o poder de agência dos sujeitos. Nesse sentido, projetos identitários combinam singularidades e condições comuns, investimento pessoal e contribuições oriundas das relações, revelando uma fronteira entre "as determinações estruturais e as diferentes formas de deslocamento que se impõem sem anulá-las" (Biroli, 2013, p. 89). Posicionamentos e localizações sociais são diversas e permitem fissuras nos modos de reprodução da opressão.

A disposição da autonomia

Seguindo essa perspectiva, acreditamos que a formação da autonomia individual envolve, portanto, a adoção de uma atitude reflexiva em relação às próprias necessidades e desejos (definir e buscar a própria concepção de bem, percebendo-se como competente para tomar decisões e orientar a própria vida), que não se restringe a um exercício interno, mas que só se concretiza em processos de trocas em que os indivíduos, como lembra a autora Maeve Cooke (1998), devem:

> (a) expressar publicamente suas necessidades aos outros;
> (b) elaborar justificativas aceitáveis para suas próprias ações cotidianas; e
> (c) reconhecer seus interlocutores como dignos de

valorização e consideração.

A capacidade de agência moral dos sujeitos conecta-se, sob esse viés, com a definição de si a partir da definição do tipo de vida que se deseja viver e como se procura torná-la possível. É importante destacar que a conquista da autonomia, tanto individual quanto pública, depende de dimensões comunicativas, sociais e institucionais que lhes permitam participar da vida pública, sendo respeitados, ouvidos e considerados. Existem vários pontos de vista acerca da natureza da relação estabelecida entre esses dois tipos de autonomia. Não é possível estabelecer fronteiras rígidas entre eles, mesmo porque a construção da autonomia individual e política depende do reconhecimento recíproco conferido ao status moral de cada indivíduo (Cooke, 1998).

Quando nos referimos à autonomia, temos em mente um processo que abrange tanto o exercício das capacidades avaliadoras críticas individuais, quanto o exercício público e político da troca de razões e justificativas essenciais à formação do cidadão.

A agência e o protagonismo dos sujeitos carecem de autonomia quando suas preferências e escolhas são determinadas por componentes situacionais, contextuais, políticas, culturais e relacionais que escapam a seu controle. É importante sempre considerar os contextos e as assimetrias de recursos e de oportunidades que atravessam as escolhas dos sujeitos.

Não há apenas uma distinção entre escolhas voluntárias e coercitivas, como se entre elas não houvesse toda uma gama de questões que as entrelaçam. As escolhas não são feitas de modo isolado e isento de intervenções externas, mas constituem uma trajetória interligada à definição e redefinição constantes de quem somos.

Segundo Biroli, "o exercício da autonomia se dá, regularmente, em meio a constrangimentos, mas suas possibilidades estão diretamente relacionadas às posições sociais desiguais dos indivíduos" (2012, p. 9). A noção de agência diferenciadamente e desigualmente imperfeita considera que as escolhas são socialmente constituídas e motivadas em meio a pressões, interpelações e constrangimentos que não são necessariamente percebidos como tal, uma vez que naturalizados, institucionalizados e internalizados (Biroli, 2013).

Além disso, "a agência se define regularmente em meio a valores e expectativas socialmente definidas, que constituem o horizonte das preferências e possibilidades dos indivíduos" (Biroli, 2012, p. 27). Mas é central considerar que a oposição entre coerção e livre escolha não explica satisfatoriamente o amplo leque de obstáculos impostos à formação de preferências, nem dá conta das complexas relações entre preferências e escolhas.

A consideração das mulheres como "vítimas sem agência" impede o exame de contextos em que há opressão e internalização/institucionalização de valores, identidades e práticas que permitem que a opressão se mantenha (naturalização de posições desvantajosas). Assimetrias e desigualdades estruturais diversas têm impacto na definição das possibilidades, ambições e escolhas efetivamente disponíveis aos indivíduos.

A construção da autonomia como processo relacional

e comunicacional depende tanto da participação na interação linguística quanto do reconhecimento recíproco entre os interlocutores. Não podemos deixar de salientar que a conquista da autonomia política, em seu viés relacional, depende de componentes externas aos sujeitos, ou seja, de dimensões comunicativas, sociais e institucionais que, consideradas as assimetrias de poder e de discurso, lhes permitam participar da vida pública, sendo respeitados, ouvidos e considerados.

Assim, para ser autônomo, é preciso ser reconhecido como parceiro do debate e como indivíduo amparado por um sistema de direitos fundamentais que protege os indivíduos em sua integridade, provendo-lhes as condições necessárias para que entrem como iguais no processo de julgamento público. Ao mesmo tempo que esse sistema abstrato de direitos reflete as condições morais imprescindíveis à dinâmica deliberativa, o reconhecimento da igualdade moral dos cidadãos, ele precisa ser atualizado através do processo democrático e deliberativo no qual os indivíduos reconhecem-se reciprocamente como dignos de respeito e valor. Para ser autônomo é preciso também ser reconhecido, o que demanda um trabalho de expressão, escuta e troca comunicativa marcada pelo respeito, pelos afetos e pelo acolhimento.

Vimos, assim, que, ao lado da consideração da dimensão ontológica da vulnerabilidade, é importante considerarmos a desigual distribuição das condições de vulnerabilidade e seu impacto na construção relacional da autonomia. Muitas formas de vulnerabilidade são causadas ou amplificadas por estruturas políticas e sociais (produto de injustiças, dominação, opressão e desigualdades em diversos níveis). O mapeamento, tematização e discussão das diferentes fontes e estados de vulnerabilidade em que se encontram sujeitos e grupos é importante para permitir não apenas uma análise mais fina e adequada das interseções entre dimensões ontológicas e contextuais, mas também o cuidado e a responsabilidade capazes de responder a elas de maneira justa e não violenta.

Não violência e ética da responsabilidade

Uma matéria publicada na *Folha de S. Paulo* em 23/7/2023[1] mostrava os resultados de uma pesquisa feita pelo Instituto Galllup acerca dos benefícios de se ter um amigo no ambiente de trabalho. O texto, pertencente ao caderno "Economia", vinha sob a rubrica "poder da amizade" e trazia depoimentos de trabalhadores que revelavam que só escaparam de ter um "colapso" no período da pandemia, porque tinham por perto um colega que, com a convivência, acabou se tornando um amigo. As informações presentes na matéria enfatizam que os vínculos de cuidado recíproco nas organizações garantem, certamente, um melhor desempenho das pessoas. Mas o que chama a atenção é a maneira como os depoimentos apontam a importância do cuidado consigo e com os outros em espaços nos quais geralmente a competitividade e o individua-

[1] OLIVEIRA, Geovana. "Fazer amigos no trabalho diminui risco de burnout e impulsiona carreira", *Folha de S. Paulo*, 20/7/23. Disponível em: https://www1.folha.uol.com.br/equilibrio/2023/07/amizade-no-trabalho-diminui-risco-de-burnout-e-ajuda-impulsionar-carreira.shtml.

lismo tendem a prevalecer.

Tais depoimentos nos convidaram a pensar que, diante da contingência e do inesperado, na urgência e diante da incerteza, é preciso redefinir novas formas de cuidado, de preocupação com o próximo e de manutenção da integridade. A atenção ao cuidado permite uma inversão das hierarquias que definem classicamente a forma de vida humana. Nesse sentido, o cuidado não se resume ao provimento de necessidades afetivas, sociais e econômicas básicas, mas se expande como força política capaz de conectar o privado ao público, as narrativas biográficas ao funcionamento da justiça democrática.

Cuidar, como mostramos anteriormente, envolve buscar uma "humanidade" constantemente ameaçada no desgastante trabalho de refazimento do cotidiano: uma ética política que se constitui no jogo de cuidar e ser cuidado, alimenta uma relação de responsabilidade que preserva a dignidade e o respeito recíproco. De acordo com Patrícia Hill Collins (2019), o cuidado requer uma sensibilidade aos detalhes que se repetem nas tarefas de reparação constante das articulações que configuram as condições de existência e sobrevivência coletiva de sujeitos e grupos.

Margareth Rago (2013) explica que, entre os anos de 1978 e 1984, o filósofo francês Michel Foucault se dedicou a refletir acerca dos cuidados e das técnicas de si e de sua importância para uma recusa às técnicas de controle e aos modos de ser submetido a relações de poder. Ao apostar que as técnicas de si poderiam fraturar os dispositivos de controle das vidas e dos corpos, Foucault (1994) sugere que os modos como agimos sobre nós mesmos abrem uma possibilidade reflexiva para pensarmos sobre quem somos e como queremos ser.

Rago nos mostra que um relato de vida é uma técnica de si que modela um enunciado que se dirige a outras pessoas e demanda respostas, redefinindo relações de responsabilidade. O gesto de ouvir e valorizar histórias de outras mulheres, por exemplo, é vital para a construção da autonomia, pois falar e ser escutado é uma das ações mais valiosas para a transformação política. Assim, uma mulher modela sua história em conjunto com outras, de modo a responder positivamente ao apelo político por uma mudança no imaginário social. Há uma responsabilidade ética nesse gesto: elaborar traumas e alegrias para realizar um exercício de escuta ativa e hospitaleira, que, por sua vez, conecta os âmbitos da individualidade e da coletividade. O cuidado, como vimos, pode ser entendido como uma atividade moral e ética que confere atenção ao que permanece invisibilizado e, ao mesmo tempo, define o espaço político ao escutar as necessidades de quem sofre, a partir de uma atenção verdadeira aos outros, de uma proximidade que se estabelece através da responsabilidade (Tronto, 1995; Brugère, 2023).

O cuidado é um processo e os julgamentos feitos sobre o cuidado surgem das experiências reais e vividas das pessoas em toda a sua variedade. Desse ponto de vista, pessoas são interdependentes em vez de independentes. Nesse viés, a ética do cuidado é uma política do cotidiano e uma política da vulnerabilidade. Alimentar articulações fortalece a ética do cuidado não só como atenção aos outros, mas sobretudo como trabalho cotidiano e incansável que torna nossas vidas possíveis. Essa perspectiva visa zelar para que a dignidade das pessoas prevaleça sobre a lógica de mercado e as lógicas de controle.

Sob esse aspecto, a produção da autonomia relacional é um trabalho que movimenta a ética do cuidado, pois olha para as capacidades de agência das pessoas, buscando mostrar como elas estão se mobilizando, por que e de que forma elas estão imaginando e desejando, sonhando seu presente e seu futuro (sem desconsiderar o passado). As pessoas aprendem a navegar suas vidas ao redor de certas realidades e, às vezes, recusam-se a fazer isso; mas o encontro de hospitalidade confere atenção tanto às negociações com realidades quanto às recusas ao engajamento com realidades e instituições. Talvez nós possamos pensar em termos de uma agência autônoma, que não pode ser limitada ao momento da realização do encontro ético, mas que necessita dos espaços proporcionados por ele para abrir várias e diferentes zonas liminares para se desdobrar.

Ética da não *violência*

Diante de crimes ambientais, catástrofes naturais e sociais, guerras e eventos que afetam a maneira como definimos nosso senso de humanidade, é importante rever os princípios que regem o valor conferido às existências. Nesse sentido, o trabalho recente da filósofa Judith Butler tem chamado a atenção, sobretudo por se dedicar intensamente a refletir acerca dos enquadramentos sociais e midiáticos que atuam sobre nosso juízo de valor, de maneira privada e coletiva.

Entre 2004 e 2009, Judith Butler elabora uma intensa reflexão sobre vulnerabilidade, guiando-se pelos acontecimentos que se seguiram ao atentado do 11 de setembro de 2001. Assim, em *Vida precária* ([2004] 2019); *Relatar a si mesmo* ([2005] 2015b) e *Quadros de guerra* ([2009] 2015a), *Caminhos divergentes* ([2012] 2017) e *Corpos em aliança e a política das ruas* (2018b), a autora destaca os diferentes modos como a alteridade se faz presente em nós, nos despossui de nós mesmos, exerce sobre nós uma interpelação, um chamado ético à responsabilidade, demandando uma ética da não violência enquanto afirmação e prática, isto é, distante de qualquer passividade.

A alteridade radical não se reduz, segundo Butler (2017, 2021), à apreensão pelo conceito e pela representação: ela se avizinha de nós, nos endereça seu sofrimento e aguarda uma resposta, mas sem jamais se deixar capturar. Transparece nesses escritos de Butler uma busca por construir uma reflexão ética que tensiona a necessidade de normas e regras que regulam a vida coletiva, e a premência de considerarmos as singularidades, vulnerabilidades e afetos que caracterizam o contato radical com a alteridade.

Ela afirma que a não violência não se confunde com um princípio universal, mas é uma reivindicação, um apelo que reconhece a existência de vínculos sociais e que precisa de condições para ser ouvido, sentido e respondido com justiça. Ao mesmo tempo, ela nos apresenta a necessidade de transformarmos o conjunto de normas que nos orienta, alterando os contextos nos quais os sujeitos podem ser interpelados.

A reivindicação da não violência, de consideração do valor e da dignidade de cada forma de vida é formulada hoje em condições de extrema desigualdade e do enraizamento de afetos aniquiladores da diferença.

Segundo Butler (2015b), a maneira como vamos apreender e responder esse apelo ético depende de como ele é formulado e enquadrado, de quais afetos são mobilizados na produção e na receptividade de quadros de sentido. E esses enquadramentos estão pautados por um ódio político que assume a forma de uma política do ódio. Sob esse aspecto, Kiffer e Giorgi (2019, p. 71) argumentam que há afecções políticas necessárias à luta contra o aniquilamento, a necropolítica e a destruição das vidas consideradas descartáveis. Para eles, os vínculos relacionais que sustentam o comum não se restringem a um imaginário pacificado, que apresenta a empatia e a busca de uma perspectiva generalizada para o julgamento moral como soluções isentas de afetos ligados à violência. Assim, existem ódios políticos importantes para a luta por justiça, pois eles agem "como recusa ou não aceitação; como modo de questionar as unificações que nunca nos contemplam". Acreditamos que o ódio político em Butler (2021a, p. 256) se aproxima de uma política do ódio, de uma forma de violência institucional e social que será enfrentada pela força da não violência: "uma luta social e política para tornar a raiva articulada e efetiva".

É assim que a força da não violência está também voltada para como "descobrir e apoiar modos de representação e aparência que permitam que a reivindicação de vida seja feita e ouvida (nessa perspectiva, mídia e sobrevivência estão relacionadas)" (Butler, 2021a, p. 254).

Essa abordagem estabelece uma ética da não violência que, de saída, é desligada de qualquer noção de passividade, fraqueza ou inação. Segundo Butler, "a força da não violência está nos modos de resistência à uma forma de violência que atribui valor diferenciadamente às vidas" (2021a, p. 201), apostando na definição e redefinição dos arranjos e alianças intersubjetivas para transformar as experiências de aparecimento e consideração públicas. Essa ética requer, primeiramente, o gesto de atentar para a vulnerabilidade dos outros (vulnerabilidade diferenciada – ontológica e social – e alocada diferentemente pelo mundo): podemos avaliar criticamente e opor as condições sob as quais certas vidas são mais vulneráveis que outras, e certas vidas humanas são mais enlutáveis que outras.

Em segundo lugar, a ética da não violência requer que nos perguntemos acerca de quais vidas merecem ser valorizáveis e enlutáveis? A resposta a essa questão está fortemente entrelaçada com a noção de enquadramento.

Em *Quadros de guerra*, Butler (2015a) ressalta que o enquadramento está ligado à formulação de normas, a modos de inteligibilidade que produzem a ideia de humano e tornam os sujeitos elegíveis ao reconhecimento, responsáveis por definir a emergência das categorias de sujeito e colocá-las no âmbito de discussões a respeito de sua legitimidade, reconhecimento e normatividade. E, nesse sentido, deriva uma perspectiva esboçada originalmente por Goffman (1974) a respeito de alguns problemas do enquadramento: a partir deles, torna-se mais fácil compreender uma determinada situação, mas ao custo da perda de detalhes e nuances – a ideia de compreensão se inverte, como destaca Martino (2021): não se vê primeiro para interpretar em seguida; a interpretação, uma vez formulada, é projetada sobre a situação. Na interpretação de Butler, infelizmente não precisaríamos mais entender, apenas julgar.

Por quem se pode ficar de luto?

Um primeiro exemplo acionado por Butler (2015a) acerca de como o enquadramento atua com violência sobre a desconsideração de algumas vidas aparece através da figura do obituário: falar da morte de alguém, narrar seu desaparecimento a partir da elaboração de sua vida, torna esta uma existência digna de ser notada, preservada dentro de uma memória que, mesmo efêmera, se destaca como registro durante um tempo: é uma vida digna de reconhecimento.

Isso poderia, imediatamente, gerar uma pergunta: qual vida não é? O que é levar uma "vida normal" se não atribuir um status ontológico à redução de toda a complexidade do ser, na intensidade de suas relações sociais, a um conjunto superficial de elementos considerados "iguais" para todas as vidas? Para quem uma vida é "normal" senão no âmbito de lutas pelo uso deste ou daquele enquadramento? Por que uma vida não seria digna de reconhecimento, e seu desaparecimento passível de luto? Há, nesse discurso, um poderoso imaginário em ação a respeito do que conta como "ordinário" em relação a um "extraordinário", mas essas categorias se desenvolvem a partir de fundamentos raramente tematizados ou explicitados – daí a necessidade de retomar esse tipo de argumento, como faz Butler.

Ainda que possamos argumentar que seria impossível escrever obituários para todas essas pessoas, vale perguntar como o obituário funciona como instrumento por meio do qual o luto é publicamente distribuído com a possibilidade de construir um ícone de autorreconhecimento de uma nação, uma vida digna de ser notada. Isso pode ir desde a esfera da família (por quem se chora?) até as mais amplas manifestações de Estado (de quem se celebra a memória? Quais datas se preservam?) ou de uma organização (quais funcionários merecem ser reverenciados e lembrados?).

Uma proposta ética e justa de reconhecimento social dessas vidas precárias deveria levar em conta não só uma aproximação entre universalidade e especificidade, mas também a necessidade de vocabulários alternativos, fundados na convicção de que "os discursos normativos derivados do liberalismo e do multiculturalismo são inadequados para a tarefa de compreender tanto as novas formações do sujeito quanto as novas formas de antagonismo social e político" (Butler, 2015b, p. 209).

Butler (2018b) se preocupa com uma definição de sujeito e de subjetivação que revele como a produção de alianças é uma mediação vital para a emancipação política. Se considerarmos que muitas das categorias que temos à disposição para nos definir e para definir nossas ações trabalham contra nós e nos desumanizam, seria vital rever o quadro semântico que temos à mão para nomear quem somos e o que queremos. Ela propõe pensar o sujeito como aquele que produz a si mesmo e ao outro a partir da reiteração de normas, mas que, nesse processo, produz desvios e rupturas. Assim, a mesma fórmula que reproduz as relações de dominação se expõe ao fracasso cada vez que requer ser repetida, pois é na reiteração da norma que se configura a possibilidade de efeitos não previstos.

Sob esse aspecto, tanto as normas de gênero quanto as regras jurídicas e institucionais precisam ser revistas à luz do atual processo de subjetivação política, no qual a experimentação de outras formas de "estar juntos" dá origem a performatividades nas quais "nos vemos fazendo outra coisa, fazendo a nós mesmos de uma maneira que não era exatamente o que tinha sido imaginado para nós" (Butler, 2018b, p. 38). Não se trata de abolir as normas, mas de flexibilizá-las a ponto de incorporar as singularidades das experiências e manifestações assimétricas da precariedade que torna as vidas desigualmente valorizáveis.

A performatividade cria situações nas quais "o sujeito é menos uma substância distinta do que um conjunto ativo e transitivo de inter-relações" (Butler, 2015b, p. 210). Os sujeitos se apresentam, sob esse prisma, a partir da noção de articulações ou coligações (inspiração vinda das reflexões de Laclau e Mouffe, 2015), visto que produzem sentido para suas existências a partir do que consideram como elementos balizadores de um comum definido a partir da identificação de precariedades e vulnerabilidades partilhadas.

Butler (2015b, 2018b) destaca que as alianças não se

constituem entre sujeitos já formados e não dependem da negociação de reivindicações identitárias, uma vez que podem ser instigadas, por exemplo, por críticas comuns à violência arbitrária, à invisibilidade e cerceamento da participação na esfera pública, à instrumentalização de direitos e às relações de poder coercitivas que dificultam a emancipação e o reconhecimento de sujeitos e grupos.

Isso nos leva ao terceiro eixo que sustenta a reflexão ética de Butler, que se refere à elaboração de uma teoria do reconhecimento social pautada pela crítica às formas de apreensão sensível que tornam certos corpos e certas vidas ilegíveis. Sua concepção de reconhecimento questiona o "enquadramento que silencia a pergunta referente a quem conta como 'quem', ou seja, a ação compulsória da norma, ao circunscrever uma vida passível de luto" (Butler, 2015a, p. 230). Ela afirma que as formas de aparecimento social são reguladas por normas de reconhecimento que definem que apenas alguns tipos de seres podem ser apreendidos como dignos de alcançarem o estatuto de "humanos".

As formas de visibilidade dos sujeitos

A preocupação com o aparecimento político dos sujeitos está ligada ao modo de sua regulação: um sujeito ou grupo "aparecem" no espaço público quando atendem a normas de reconhecimento hierárquicas e excludentes (Martino; Marques, 2018b). Aparecem, portanto, depois de terem atuado sobre eles as imposições biopolíticas que anseiam por apagar as inconsistências e desencaixes que não combinem com o que foi definido e naturalizado como uma "vida vivível".

Entretanto, Butler argumenta que "modos de reconhecer e mostrar certas formas de interdependência têm a possibilidade de transformar o próprio campo do aparecimento" (2018, p. 50). E o modo como Butler estabelece essa relação é através dos atos de fala, na perspectiva originalmente formulada por Austin (2008).

Quando afirmamos que uma pessoa é vulnerável, nosso proferimento coloca em ação o reconhecimento da vulnerabilidade. Performamos o reconhecimento quando fazemos a demanda. A vulnerabilidade ganha outro sentido quando reconhecida e o reconhecimento tem o poder de reconstituir a vulnerabilidade.

A noção de interpelação em Butler possui dois sentidos distintos mas intimamente ligados: em *Discurso de ódio* (2021), Butler usa a teoria dos atos de fala de Austin de modo a evidenciar que ela aceita a premissa de que somos constituídos pela interpelação de um outro que está em posição de criar o que nomeia. Quando essa interpelação toma a forma de um discurso de ódio, por exemplo, o sujeito se encontra constituído na assignação que o lança em uma posição subordinada.

Interpelar é, portanto, um gesto, um ritual social que, por meio de exclusão e violência, define as condições linguísticas da existência de sujeitos e vidas tidos como dignos ou indignos de valorização e reconhecimento. A interpelação age através de quadros morais que definem e julgam quem é o outro e quem eu sou. Assim, a performatividade de uma interpelação refere-se a uma série de atos (e não de atores) que produzem realidades, que possuem o poder de fazer acontecer o que descrevem e/ou interpelam. Não faz sentido falarmos em discursos de ódio quando não há um efeito retórico (possível) de exclusão social de algum grupo identitário em situação de vulnerabilidade psicossocial e/ou econômica, ou que atue persuasivamente nessa direção.

Sob esse viés, Butler afirma que uma dimensão de nossa vulnerabilidade tem a ver com a exposição à nomeação e a categorias discursivas que nos associam a tipos. Um tipo é uma representação construída por meio do efeito de um discurso (conjunto estável de ideais) sobre nossas ações e autoentendimento.

A performatividade relaciona-se, segundo Butler (1996), ao modo como a linguagem age sobre nós (ser interpelado, chamado de certo nome) e as condições e possibilidades para o agir. Todos somos chamados por nomes, em atos de fala que tecem relações de poder. Muitas vezes um ato de fala atua sobre nós antes mesmo de falarmos e, se assim for, nem sempre podemos falar por nós mesmos.

Na proposta de Judith Butler (2019), a não violência atua como força articuladora situada e não como princípio ou norma universal a ser aplicada em nome da preservação da ordem em situações nas quais formas de ódio político atuam. O apelo ético produzido pela reivindicação de não violência requer que pensemos acerca das condições nas quais podemos, de fato, escutar aquele que está em situação de vulnerabilidade e nos tornar receptivos à experiência da diferença a ponto de respondê-lo com justiça.

Vimos que nossa escuta e nossa resposta estão diretamente ligadas aos enquadramentos morais de avaliação e validação das formas de vida. Contudo, não se trata de substituir enquadramentos desvalorizantes por outros que valorizam as vidas de maneira pretensamente igual. Para Butler, a prática da não violência pode ser realizada em uma cena de aparecimento na qual não estão em questão apenas as condições violentas de produção de alguém, mas a forma como cada um tem de assumir a responsabilidade de viver uma vida interdependente e capaz de contestar os poderes e normas que interferem nessa elaboração.

A cena de aparecimento envolve a compreensão de como sujeitos em situação de vulnerabilidade enunciam suas demandas, expondo e endereçando demandas de apoio, mas não no sentido de "eliminarem" o que a ordem hierárquica aponta negativamente como "precariedade". O aparecimento político em espaços públicos não apenas coloca as próprias normas sociais em xeque, mas também a própria significação socialmente compartilhada das representações da vulnerabilidade.

Esse processo do aparecer diante do outro leva em conta a exposição dos corpos individuais e coletivos e a expectativa de uma resposta que reafirme a constituição relacional e dependente de alianças que podem ser estabelecidas entre sujeitos plurais. "O aparecimento não é um momento necessariamente morfológico, quando o corpo se arrisca a aparecer não apenas para falar e para agir, mas também para sofrer e comover, para engajar outros corpos, para negociar um ambiente do qual se depende" (Butler, 2018b, p. 175). Nesse âmbito, deter a política do ódio requer investimento em reformas institucionais, econômicas, sociais, éticas e morais; mas também envolve a afirmação de condições de interdependência e valorização da vulnerabilidade compartilhada como diretriz por meio da qual nos tornarmos sensíveis à escuta dos rostos (Levinas, 1999) diante dos quais a não violência deveria surgir como resposta apropriada.

Capítulo 6

Pesquisar vulnerabilidades nas organizações

A pesquisadora Isabelle Zinn é socióloga, realizou uma tese de doutorado sobre as profissões de açougueiro e de florista no âmbito de uma supervisão conjunta entre a Universidade de Lausanne e a EHESS, Paris. Ao falar sobre sua pesquisa (defendida em 2017) no contexto da Comunicação Organizacional em um evento realizado pela Université Paris Saclay em 2019, ela conta como seu comportamento emocional no encontro com trabalhadores dessas áreas permitiu tornar inteligíveis as questões e desafios presentes na pesquisa de campo. Para se aproximar de açougueiros e floristas, ela foi contratada como estagiária e, durante cerca de três anos, engajou-se com eles em trabalhos cujo funcionamento, regras, saberes e fazeres foram sendo vivenciados de maneira sensível por seu corpo e sua forma de perceber e compreender o que acontecia à sua volta. Ela narra que prestar atenção a seu comportamento emocional envolvia não só conhecer as práticas éticas compatíveis com as profissões, mas produzir zonas de contato e de indeterminação que escapassem ao julgamento normativo sobre as ações dos sujeitos pesquisados e permitissem uma aproximação marcada pela escuta e pela afetação.

Ao final de sua apresentação, ela conta que sua pesquisa não poderia ter sido feita se ela permanecesse "neutra" às experiências vivenciadas: ela só conseguiu elaborar a investigação porque foi afetada e contagiada pelo mergulho nas atividades vividas nos açougues e floriculturas, enredando-se junto com os sujeitos pesquisados e articulando-se em suas interações. Tornar-se vulnerável na pesquisa de campo possibilitou que os afetos conectassem o tempo presente com memórias, fatos e elementos culturais mais amplos, permitindo que a pesquisa pudesse ser definida por meio de uma relacionalidade pautada pela hospitalidade e pelo cuidado.

Ao mesmo tempo, Isabelle Zinn (2017) mostra a difícil tarefa de investir em uma forma de escrita que apostasse mais na descrição densa do que na explicação, que fosse capaz de partilhar com o leitor os encontros que ela teve com diferentes trabalhadores. A escrita aprofundou sua crença na pesquisa como processo de conhecimento, como jogo que pode ressituar a ação investigativa e as formas de saber, que confere inteligibilidade ao mundo e ao próprio pesquisador. Quando escrevemos nossa pesquisa, não apenas trazemos o leitor para a rede de relações e alianças criadas no decorrer da investigação, mas também elaboramos uma resposta àqueles e àquelas que conosco compartilham suas narrativas, pontos de vista, saberes e fazeres (Lingis; Alliot, 2017). Para Zinn, não se tratava de impor um vocabulário, categorias predefinidas e paradigmas para explicar o que viveu, mas sim de criar uma escrita que operasse como resposta e responsabilidade diante das experiências de açougueiros e floristas que com ela compartilharam várias jornadas de trabalho.

O relato de Isabelle Zinn nos motiva a pensar acerca das condições de vulnerabilidade do pesquisador e da prática da pesquisa em Comunicação Organizacional. Por isso, este último capítulo foi desenhado como uma espécie de metarreflexão a partir das práticas de pesquisa relacionadas às vulnerabilidades e formas de vida, bem como de resistência e construção de novas cenas, nos estudos de Comunicação. Estamos dentro do jogo, e a crítica não pode deixar de lado uma perspectiva reflexiva.

Na pesquisa em Comunicação, e nas atividades empíricas que realizamos junto às organizações, frequentemente nos indagamos acerca das formas de produzir conhecimento empiricamente no encontro com o outro. Assumir um posicionamento ético diante daqueles que constroem conosco a pesquisa é instaurar outras temporalidades e espaços de escuta que, na maioria das vezes se desencontram daqueles legitimados academicamente (Lingis; Alliot, 2017). Ao mesmo tempo, não podemos perder de vista o elemento comunicacional que nos vincula aos outros e que estabelece o contexto situado no qual as trocas conversacionais acontecem.

O encontro com a alteridade não cabe em categorias definidas e é marcado por assimetrias, ambiguidades e tensionamentos que, na maioria das vezes, não podem ser nomeados ou apreendidos por conceitos.

O real criado na interlocução é inapreensível e inclassificável. A decisão de adiar a representação das narrativas e subjetividades no texto acadêmico relaciona-se com uma necessidade de contemplar as estranhezas de uma forma de vida convocada para a pesquisa e que, interpelada, tem que se haver com a demanda feita por nós. É preciso tempo para lidar com o não categorizado, para criar avizinhamentos e zonas de indeterminação, muito mais do que discernir fronteiras (ainda que fluidas).

Eticamente, a etnografia revela que a insistência em tentar categorizar e representar o outro pode levar a uma rejeição do desconhecido, pois, ao receber um nome e uma descrição, ele deixa de ter interesse para nós. Esse gesto de classificação e julgamento, como vimos, é característico de uma economia moral que define quais formas de vida e quais sujeitos serão dignos de estima, reconhecimento e apreço social.

Há muitas ambiguidades a serem preservadas, tanto no contato com a alteridade quanto na forma enunciativa e performativa específica que esse outro escolhe para aparecer diante de nós. Nesse aparecer, todos os interlocutores envolvidos estão vulneráveis e precisam lidar com a exposição recíproca, com a tentativa de ressignificar e tornar aceitável (ou mesmo suportável) a interpelação que me convoca a um deslocamento e a uma afetação. Como acolher o outro-pesquisado sem desvalorizar seu saber, sua narrativa, sem impor sobre ele a pretensa autoridade do lugar por nós ocupado na academia?

As narrativas e relatos produzidos no encontro não são dados que já existiam previamente, mas enunciados e performances resultantes de uma interpelação que desloca e requer envolvimento recíproco (Martino;

Marques, 2018a). Requer também o reconhecimento da dignidade e dos saberes de nossos interlocutores, sobretudo se nosso interesse está em perceber como lutam para tornar suas vidas habitáveis diante de condições extremas, nas quais precariedades e vulnerabilidades dependem de agenciamentos autônomos, relacionais e dissensuais.

Na pesquisa que envolve o contato com a alteridade, estar com o outro, produzir um tempo desacelerado para a escuta e o acolhimento geralmente dá origem a uma experiência de choque, de desconcerto, de despossessão (Butler, 2015b). Mas o choque nos convida à reconstrução, ao avizinhamento e à consideração do outro e de suas questões.

Há choques que produzem silenciamentos, mas há o choque que faz trabalhar a relação, que incita a produzir situações comunicativas propícias à hospitalidade, à emergência do que é indeterminado, à produção de vínculos como processualidade e não apenas como processamento de informações.

Nessas situações, há a prevalência de um "não saber" que torna vulneráveis pesquisador e sujeito pesquisado: ambos decidem desvendar juntos e tematizar juntos a partir de provocações estético-políticas que incidem sobre suas posturas éticas e suas formas de apreender o mundo e produzir sentidos acerca do que vivenciam. Há aí um convite, uma convocação a ser afetado, a buscar no rosto do outro (Levinas, 2007) o comum que nos enlaça e nos desafia a ser responsivos e responsáveis.

Abordagem afetiva da pesquisa em comunicação organizacional

Assim como a pesquisadora Isabelle Zinn (2017), consideramos essencial discutirmos acerca de como os afetos são mobilizados nas atividades de pesquisa acadêmica e nas interações profissionais no âmbito das organizações. Para isso, acreditamos ser de grande relevância explorarmos as reflexões feitas por Jean-Luc Moriceau (2016) sobre esse tema. A abordagem que ele faz da pesquisa afetiva em comunicação organizacional nos instiga a indagar constantemente sobre qual o papel ético a ser assumido pelo pesquisador ao se deparar com experiências de vida cuja complexidade e apelo moral ultrapassam qualquer modelo teórico-metodológico que podemos conceber e empregar.

A abordagem afetiva da comunicação organizacional é desenvolvida por Moriceau (2016) de modo a aproximar a experiência comunicacional da experiência estética (processo singular, reflexivo e transformador de nossa subjetividade em contato com a alteridade e as forças do sensível) por meio da valorização de seu caráter experiencial, aproximando o gesto praxeológico do fenomenológico. O autor destaca como a "virada afetiva" designa sobretudo novas possibilidades epistemológicas e novas práticas metodológicas: um modo de pesquisa no qual o pesquisador se deixa guiar pelos afetos, se permite mover pela situação, como ponto de partida da reflexividade. Não se trata de extrair uma representação mais rica, mas de aceitar mergulhar no concreto, no vivido, na porção parcial, situada, específica, relacional e estética da experiência.

A experiência estética, segundo ele, envolve não apenas um impacto inicial diante do desconhecido, mas, sobretudo, um trabalho, uma elaboração reflexiva que nos lança no desconhecido e nos demanda o gesto de assumir uma posição perante o inesperado. Assim, nos expomos a um turbilhão de sensações e *insights* que também nos ajudam a elaborar respostas e reações capazes de nos auxiliar a repensar nossos quadros de conhecimento e propor novos saberes. Ela é uma experiência que vem de fora, mas que se endereça a cada um de nós, transformando nossas interações e nos convidando a um encontro: seu caráter é relacional.

Contudo, tratar a experiência e o sensível nas pesquisas que desenvolvemos não é tarefa fácil: podemos perdê-los de vista (ou vê-los transformados em outra coisa) ao desejarmos nos assenhorar de suas características ou mesmo contemplá-las à distância, como objeto oriundo de dispositivos e meios performáticos.

É importante não ficar buscando uma representação mais "adequada", mas sim visar uma abertura a várias possibilidades de produzir sentido acerca das falas dos pesquisados, compartilhando com os leitores o trabalho de compreensão e de fabricação de seus próprios textos. Isso também vale para pesquisas que têm como corpus empírico um conjunto de textos, discursos, documentos, imagens: afinal, são corporificações de processos sociais mais amplos, nos endereçam narrativas polifônicas e podem, portanto, configurar alteridades que, no encontro conosco, demandam um gesto de escuta e responsividade hospitaleira. Uma abordagem afetiva da comunicação organizacional, nos diz Moriceau (2016), é uma forma de desenvolver uma avaliação crítica que nos leva ao coração da ambiguidade e da complexidade das situações que pesquisamos, nos exigindo uma postura ética e uma tomada de posição reflexiva e corajosa. Uma ética pessoal e coletiva que afeta nossas certezas ligadas à produção de saber e abala as certezas prefiguradas, nos levando a querer continuar a pensar sobre a pesquisa, suas experimentações e seus sujeitos.

A relação pesquisador/sujeito pesquisado: vulnerabilidades

Como pode agir o pesquisador ao se deparar com experiências de vida cuja complexidade e apelo moral ultrapassam qualquer modelo teórico-metodológico que podemos conceber e empregar? A pesquisa com sujeitos requer uma abertura à alteridade e à diferença: um deslocamento de sua posição em um quadro de "saber estabelecido", uma desterritorialização. Nesse deslocamento, o pesquisador e a pesquisa se deixam afetar, transportar e transformar pelo que estudam. Deixar-se afetar é deixar entrar em si aquilo que se estudou e afetá-lo em troca (Favret-Saada, 1990).

O trabalho de Isabelle Zinn (2017) permitiu que ela entrasse em contato com trabalhadores em seus contextos de exercício diário da profissão, o que demandou uma intensa abertura e autoexposição diante de pessoas com as quais deveria interagir, aprender e, sobretudo, elaborar vínculos nos quais a escuta fosse o principal eixo condutor das interações. Para ela, ter uma experiência com o outro significa permitir um contato autêntico, marcado pelo encontro transformador com a alteridade. Assim, é provável que não sejamos mais os mesmos depois da pesquisa, pois não podemos nos isolar para examinar à distância os dados coletados. Frequentemente, o resultado desse processo de mútua afetação não se reduz à descrição do vivido, mas produz uma intervenção concreta nos universos explorados (e, claro, também no universo acadêmico, ao qual o pesquisador retorna para conversar sobre seus resultados).

Ao se deixar guiar pelos afetos, o pesquisador encontra a experiência do outro, o que conduz a uma interrogação sobre como definir nossa atitude e nossas decisões. Deixarmo-nos afetar pode nos levar a repensar e reconstruir nossa posição, nossas convicções e nossa ideia de justiça (Martino; Marques, 2018a). Esse encontro evidencia a vulnerabilidade do pesquisador, do "pesquisado" e de seus saberes, e também nos convida a nos engajarmos com o contexto e os sujeitos da pesquisa, contribuindo para modificar (ao menos um pouco) sua percepção de si mesmos e sua relação com o mundo. Essa dimensão, comunicacional e relacional, traz diante de nós uma questão ética: como nos deixamos tocar/afetar pelos outros, pela alteridade, permitindo-nos uma abertura ao acolhimento e reconhecimento do outro e de nosso próprio eu?

Nesse sentido, um pesquisador pode ser considerado vulnerável na medida em que não está mais em uma posição de prevenir ocorrências que minariam ou jogariam por terra seus pressupostos e hipóteses. A vulnerabilidade, para Butler (2006), conecta-se a uma questão de controle efetivo, ou de equilíbrio entre o poder que o sujeito tem de conduzir sua vida e as forças que a influenciam. As condições em que as pessoas fazem escolhas e tomam decisões, os contextos e assimetrias de poder que as perpassam, assim como as táticas para ligar com os constrangimentos e barreiras são essenciais para compreendermos a vulnerabilidade não como "falta", carência e anulação da agência individual, mas como abertura à construção negociada de si e de projetos de vida. O modo como as pessoas elaboram projetos e objetivos, identificando, antevendo e enfrentando forças opressoras coloca a vulnerabilidade em contato com as noções de autonomia e resistência (Butler et al., 2016). Diante das relações que configuram as vulnerabilidades, temos diferentes modalidades e graus de passibilidade e resposta, que operam juntas, implicando sobretudo nosso corpo político.

Pesquisador e pesquisados são reciprocamente vulneráveis, na medida em que, no processo da investigação, são atravessados por uma série de constrangimentos, forças e fluxos que não podem ser inteiramente controlados, seja pelo rigor do método, seja pela legitimidade de saberes constituídos. Ambos estão expostos, mas essa não é uma fragilidade a ser remediada, e sim a fonte de potência de toda pesquisa que envolve o encontro com a alteridade.

À escuta do outro

Uma pesquisa que privilegia os afetos permite vários níveis de leitura e aponta a complexidade e riqueza da empiria. Entre pesquisador e pesquisado se constitui uma situação de interpelação que mobiliza os sentimentos e afetos de quem fala e quem escuta, exigindo do pesquisador uma abordagem que não é distanciada, não é isenta de sua própria subjetividade e requer um tipo de tratamento do texto acadêmico que não reduza a experiência vivida a uma simples representação, descrição ou relatório de ações.

É importante conferir aos atores pesquisados a maior parte da responsabilidade de confeccionar sua representação. O pesquisador pode aproximar-se de uma expressão mais bruta de suas falas e relatos, considerando a justeza de sua própria maneira de se expressarem e contarem a si mesmos, sem esconder os paradoxos ou contradições nas falas. É importante não ficar buscando uma representação mais "adequada", mas sim visar uma abertura a várias possibilidades de produzir sentido acerca das falas dos pesquisados, compartilhando com os leitores o trabalho de compreensão e de fabricação de seus próprios textos (Martino; Marques, 2018c).

Na pesquisa acadêmica com sujeitos, é vital pensar em outras formas de deixar o outro falar e de ser afetado por ele que não podem ser contidas nos modos tradicionais da representação do conhecimento e dos resultados de pesquisa. Podemos, por exemplo, alternar entre a descrição dos afetos desencadeados pelo trabalho de campo e momentos de reflexividade, sem procurar representar a cultura estudada ou os sujeitos estudados por meio de seus enunciados.

Para Moriceau (2014), a representação distancia da experiência, paralisa as dinâmicas, fixa os lugares, as posições, impõe uma perspectiva ou narrativa e atribui papel central ao autor/pesquisador. Nesse caso, há uma reflexão ética por trás da pesquisa (e que se configura no próprio processo do pesquisar, não se apresentando como conjunto de regras prévias a serem seguidas) que questiona o "falar por" ou "em nome de", tentando construir uma possibilidade de o pesquisador falar com os seus pesquisados. Assim, pode-se construir o sentido de forma partilhada, não hierarquizada. Desloca-se o pesquisado do seu lugar de "objeto" de análise e constitui para ele um lugar de interlocutor, parceiro simétrico na construção da pesquisa.

A pesquisa com sujeitos é fruto da construção de uma situação de interpelação que mobiliza os sentimentos e afetos de quem fala e quem escuta, exigindo, de ambos os lados, uma abordagem que não é distanciada, não é isenta de subjetividade e requer um tipo de tratamento do texto acadêmico que não reduza a experiência vivida a uma simples descrição ou relatório de ações. Assim, uma importante dimensão ética consiste em problematizar o papel do pesquisador na construção das narrativas produzidas pelos entrevistados, e na consequente representação dos encontros com esses sujeitos no formato do texto científico.

Assimetrias de poder

Uma das principais dimensões críticas que apareceram na pesquisa com sujeitos relaciona-se com a autoridade do pesquisador sobre o relato dos sujeitos pesquisados. De acordo com Goldman (2006), o pesquisador encontra-se em uma posição de poder e autoridade diante dos sujeitos com os quais convive e observa, ocupando um lugar autoritário e confiando em uma escrita muito segura e em uma voz monocórdica. É ele que escreve, que toma a palavra e sua descrição costuma se fechar sobre a representação (a descrição que o pesquisador faz dos sujeitos e seus relatos), muitas vezes sem que ela seja atravessada pela voz dos outros, sem permitir o mínimo de polifonia.

Ou seja, a pesquisa acadêmica usa frequentemente o relato dos sujeitos como ilustração de uma perspectiva teórica, sem de fato escutar o que eles têm a dizer: constrói uma representação credível, mas isenta de profundidade, de respeito pela alteridade e muitas vezes surda às palavras e narrativas criadas na própria interação pesquisador-sujeito pesquisado.

Por isso, é importante fazer reflexões constantes no percurso das interações: o que se deve fazer, quais precauções se deve tomar para representar a narrativa desses sujeitos na pesquisa? Sabendo que o trabalho do pesquisador consiste em escrever e contar (para os outros estudantes e professores da universidade) as histórias que ele ouviu e viveu em outro lugar, no trabalho de campo, há a preocupação em encontrar uma forma de escrever que possa fazer reviver no texto da pesquisa as cores e texturas das falas dos pesquisados. É um desafio tentar criar, no texto, espaço para que essas vozes voltem a viver por elas mesmas.

O contato com os pesquisados oferece a chance de permitir uma autoexpressão mais livre, capaz de favorecer o apontamento de valores, de trajetórias, de modos de ser e existir, explorando tópicos e temas que figuram como pretexto para falar de si e tecer narrativas identitárias, de resistência, de sofrimento, que revelam os afetos e os códigos morais e éticos que orientam escolhas e decisões (Martino; Marques, 2018a).

O objetivo é tornar claro aos sujeitos pesquisados que interessa ao pesquisador não uma resposta "politicamente correta" ou esperada (condizente com as expectativas da pesquisa), mas o fato de que a sua vivência específica lhes permite tecer projetos de vida autonômicos diferenciados, elaborar trajetórias únicas, marcadas pela luta contextualizada pela reelaboração constante de suas formas de vida, práticas de resistência e de transformação.

Muitas vezes, ao falarem de objetos ou episódios importantes para eles (mas talvez não previstos nos temas de interesse do pesquisador), os pesquisados falam de si e de suas escolhas: falam da vivência singular de padrões de opressão (que organizam representações e potencializam formas de autoidentificação, de identificação dos outros e pelos outros); falam de padrões e valores que os caracterizam e identificam na mesma medida em que constrangem e hierarquizam; revelam a relação entre suas identidades, preferências aprendidas e negociadas.

Assim, Moriceau e Paes (2014) apresentam a possibilidade de trazer uma expressão mais próxima do que foi vivenciado (com poucas intervenções do pesquisador) nos encontros, trabalhando as falas e relatos dos pesquisados sem editá-las demais, considerando a justeza de sua própria maneira de nomearem seus desafios e contarem a si mesmos (Butler, 2015b), sem esconder os paradoxos ou contradições. É importante não utilizar grades de análise vindas de outros contextos ou vertentes teóricas tecidas a partir de situações distanciadas daqueles que integram a investigação. O melhor é criar um percurso metodológico e uma escritura que seja propícia à abertura para várias possibilidades de produzir sentido acerca das falas dos sujeitos pesquisados, compartilhando com os leitores o trabalho de compreensão e de fabricação de seus próprios textos.

A pesquisa, sob esse aspecto, tem que ser vista como "lugar que abriga diferentes temporalidades e afetos no entrelaçamento da modelagem representativa do conhecimento e do encontro transformador com a alteridade" (Moriceau, 2016, p. 17). A visão do pesquisador não pode prevalecer sobre a do pesquisado, porque ambos se configuram juntos, ao mesmo tempo, nas entrevistas, nas trocas de depoimentos, nas elaborações de saberes antes não existentes. Um se expõe ao outro: um se apresenta diante do outro e deixa aberta uma passagem para que ambos interfiram na percepção um do outro.

Dimensões éticas e afetivas que emergem na pesquisa com sujeitos

A pesquisa em Comunicação é, de modo geral, atravessada por um conjunto de questões ligadas à objetividade e ao rigor da produção e descrição detalhada de fatos e de dados. Ao longo da realização de uma investigação, percebemos que a objetividade é um horizonte que mantemos diante de nós, mas que não se concretiza totalmente quando nos deixamos afetar pelas experiências dos sujeitos concretos.

De um lado, devemos tomar cuidado para que o enfoque comunicacional não se torne apenas pano de fundo de questões sociológicas ou antropológicas. Sabemos que processos de comunicação estão entrelaçados com processos sociais, políticos, educacionais, econômicos e afetivos. Mas, de outro, temos que buscar, no encontro e na conversa com os sujeitos pesquisados, as pistas que nos indicam os modos de comunicar das pessoas, ou seja, os modos como constroem suas narrativas, se expressam e convidam os outros a interagirem (Moriceau, 2018, 2019). Assim, a responsabilidade do pesquisador não é só epistemológica (com relação à objetividade científica), mas igualmente política (diante dos sujeitos pesquisados).

Na pesquisa, não há articulação fácil entre conceitos teóricos e as narrativas produzidas pelos pesquisados. A vida de cada um deles é muito mais complexa do que qualquer teoria pode explicar. Na verdade, a função das teorias não é explicar o real, mas nos auxiliar a enfrentar suas resistências à nossa observação e tentativa de entendimento.

Processos comunicativos e expressivos não podem ser "domados" pela teoria nem por protocolos de pesquisa, por isso não conseguimos alcançar uma objetividade (tal como nas pesquisas de ciências exatas) e uma universalidade nos resultados. Trata-se menos de empreender uma investigação hipotético-dedutiva (com um problema de pesquisa estável, uma temporalidade previamente determinada, uma amostragem recortada de modo preciso e controlado), e mais de proceder indutivamente, construindo questões ao longo dos desdobramentos da pesquisa, sem distinção delimitada entre o tempo da pesquisa e o tempo que seria exterior a ela, implicando relações de confiança e mesmo de identificação (Fassin, 2008).

A pesquisa de campo com pessoas envolve reconhecer as indefinições dos contextos e as confusões e contingências que marcam suas vidas. Ela exige de nós, como mencionamos, uma disponibilidade para a escuta, um tempo para permitir que o outro elabore o que deseja dizer, enfim uma outra configuração afetiva muito diferente das pesquisas realizadas nas áreas das ciências exatas e biológicas.

O estudo da Comunicação Organizacional envolve descrever as situações de encontro com o outro, observar e escutar atentamente as perspectivas dos sujeitos, perceber os sentidos em jogo, as tensões e os enfrentamentos que marcam suas existências e seus contextos de trabalho (Moriceau, 2017). Nosso material de análise não são só as frases colhidas nas entrevistas. Tais enunciados não são dados isolados de um contexto de experiência: são o produto de uma interação forte entre pesquisador e pesquisado.

Lembramos que o sujeito do conhecimento científico não é o pesquisador e nem o pesquisado, mas o coletivo. Pesquisador e pesquisado dialogam entre si, mas também com uma vasta comunidade científica e acadêmica.

Estudar Comunicação e produzir conhecimento na área envolve uma reflexão crítica constante acerca dos resultados do que se consegue criar a partir desse encontro entre o pesquisador e os sujeitos pesquisados. Não existe nada pronto de antemão: a pesquisa surge da observação e análise de como, nessa interação entre o pesquisador e os pesquisados, os dois lados negociam entendimentos, buscam nomear diferenças, apontar os desafios da vida coletiva e entender aquilo que dificilmente pode ser explicado pelas teorias ou pelas categorias de análise (Moriceau, 2014).

Fazer pesquisa em Comunicação não se resume a associar os relatos coletados a categorias teóricas já estudadas. Mesmo porque a teoria não consegue prever a densidade e os detalhes tão ricos da experiência vivenciada nas trocas situadas em contextos os mais diversos.

Falar com o outro, não pelo outro

Há aqui também presente a questão do lugar de fala biográfico. É certo que o pesquisador que se identifica com seus pesquisados (por características de gênero, classe, raça, modo de vida, padrões de ação, ideologias, etc) não pode se pautar em sua própria experiência para definir a experiência dos pesquisados: como se o pesquisador automaticamente dotado de autoridade e legitimidade para falar em nome deles.

Djamila Ribeiro (2018) caracteriza o lugar de fala como processo de valorização da diversidade de experiências em interseccionalidade que são convocadas para o diálogo. Assim, a fala se configura como exercício situado de expressão e escuta em busca de condições mais dignas de existência. Nesse exercício, a experiência singular dos sujeitos é associada a condições sociais de opressão de um grupo inteiro. Justamente por isso, lugares de fala não afirmam uma visão essencialista de uma posição identitária, mas das “múltiplas condições que resultam nas desigualdades e hierarquias que localizam grupos subalternizados, e com experiências distintas, em um mesmo lugar social” (Ribeiro, 2018, p.63). Ter consciência discursiva sobre o lugar social ocupado envolve entrelaçar histórias individuais e coletivas, entendendo as condições sociais que formam o grupo ao qual um sujeito pertence e quais as condições de vulnerabilidade que não o permitem acessar lugares de cidadania. Sob esse aspecto, é vital que o pesquisador se mantenha atento à localização de sujeitos coletivos em relações de poder e às opressões estruturais que impedem que indivíduos de determinados grupos tenham direito à fala. Como ressalta Djamila Ribeiro, falar é refutar as narrativas tradicionais (legitimadas e naturalizadas) e a hierarquização de saberes, agindo contra o discurso autorizado e único.

Semelhanças em suas trajetórias não tornam pesquisador e pesquisados necessariamente iguais e equivalentes em suas escolhas, formas de pensar e modos de vida. Contudo, são os pontos de interseção que oferecem chances maiores de empatia e abertura ao contato (e ao contágio). Ainda assim, não podemos afirmar, por exemplo, que só mulheres devem falar de mulheres ou só homens devem fazer pesquisas com homens (como se houvesse uma regra que estipulasse que só aqueles que conhecem os códigos culturais de um grupo poderiam se relacionar com ele). Todo pesquisador tem dúvidas e angústias diante de sua pesquisa, por mais que ele se sinta à vontade com o universo pesquisado (Moraes, 2015).

Sabemos que o *ethos* do pesquisador não determina a ética de sua pesquisa, muito embora o seu senso ético (atrelado à sua inscrição histórica, institucional e social) influencie sobre a apreciação de sua responsabilidade *vis a vis* dos pesquisados. Assim, as diferenças interseccionais de raça, classe, gênero, pertencimento, proximidade e vinculação podem produzir uma percepção bem distinta de responsabilidade.

Ser responsável, como mencionamos anteriormente, requer uma atenção ao outro e uma abertura ao encontro (Levinas, 1999), o que não escapa a relações de poder e também sinaliza formas de diferenciação das quais não se pode fugir. Nesse sentido, as divergências não são "acidentes de percurso" que podem ser evitados, mas "realidades estruturalmente inscritas na dialética fundamental da relação entre pesquisador e pesquisado, e nos múltiplos engajamentos morais que ela suscita" (Fassin, 2008, p.131).

Destacamos aqui o aspecto filosófico da dialética, enquanto pensamento dinâmico que busca explicar a realidade levando em consideração a sua complexidade e instabilidade do jogo de forças que definem situações e sujeitos em relação. Frequentemente é importante suspeitar daquilo que os pesquisados dizem, ressaltar contradições, inconsistências, incongruências, contestando as aparências e, assim, pensar contra aquilo que é oferecido como fato ou verdade incontestável. A inconformidade em aceitar um mundo tal como se apresenta nos oferece algumas das condições para modificá-lo.

O lugar de fala biográfico não pode tampouco limitar os sujeitos ao realismo de suas experiências. Ainda que concordemos com a afirmação de que é preciso ser mulher para saber como melhor descrever essa posição se sujeito, não quer dizer que os depoimentos e as narrativas de si que elas constroem possam ser tomadas como verdade única ou que sua representação seja mesmo tão realista quanto pretendida. Não se trata, contudo, de descreditar os relatos de si como forma potente de compartilhar experiências e saberes. O que se pode fazer é aproximar diferentes relatos, não no intuito de compará-los, mas para que um possa ser lido à luz do outro, para que o conjunto de experiências amplifique a inteligibilidade a ser conferida ao texto final da investigação conduzida pela pesquisadora, pelo pesquisador.

Mesmo o testemunho como experiência ficcional já é um rompimento com a crueza de uma vida que se vê apenas como desprovida de reconhecimento (Butler, 2015b). A tarefa de elaboração de um *récit de soi* realizada pelos pesquisados em entrevistas, revela como buscam conferir sentido à própria representação de suas vidas, distanciando-se, não raro, de uma denúncia, confissão ou lamúria e se aproximando de uma tentativa de falar uma língua diferente daquela do cotidiano, criando distâncias e modos de reflexão singulares (Rago, 2013).

Além disso, há diferentes momentos e níveis de comprometimento afetivo ao longo da pesquisa: e isso mostra que o distanciamento nunca desaparece, pois há sempre a sombra da desconfiança e do estranhamento entre pesquisador e pesquisado. Por mais que pesquisador e pesquisado tenham várias características em comum, um não incorpora totalmente o imaginário, as experiências e o ponto de vista que os outros possuem.

Não há uma identificação total com os pesquisados e isso nos ajuda a manter a distância, a fazer com que nossa visão de mundo não prevaleça sobre as demais. Pertencer a um grupo e com ele se identificar não é garantia de acesso privilegiado ao universo do outro. "É claro que a identificação e a empatia geradas na pesquisa empírica podem auxiliar na construção de confiança, mas nem sempre confiar significa entregar ao outro dimensões não tematizadas de sua experiência" (Moriceau, 2016, p. 9).

Podemos, de acordo com Moriceau, fazer uma pesquisa guiada pelos afetos e que, ainda assim, seja rigorosa e coerente. O rigor não se confunde com a objetividade, mas deriva de uma coerência interna da pesquisa: uma articulação afinada entre o problema que nos guia, os conceitos mobilizados, a metodologia criada a partir desses elementos e a postura ética que orienta a condução do pesquisador. O rigor também requer análises detalhadas nas quais se manifestem explicitamente as implicações político-epistemológicas do pesquisador e as influências históricas, sociais e institucionais que atravessam a prática da pesquisa e sua construção discursiva. Dito de outro modo, o rigor não está só na descrição dos fatos e dos procedimentos metodológicos desenhados para observá-los, mas na dialogicidade e na dialeticidade (negociação ética com as perspectivas dos pesquisados).

Isso faz com que a todo momento o pesquisador se veja desafiado em seus pressupostos, com suas certezas sendo quebradas diante de uma dificuldade em decifrar e entender o modo como cada pesquisado define a maneira como pode lidar com determinadas questões e problemas. Os pesquisados não se tornaram transparentes para o pesquisador só porque compartilham com ele algumas características identitárias, ideológicas ou biográficas.

O pesquisador pode traçar uma escuta sensível do outro sem aderir às suas opiniões, ideologias e crenças ou necessariamente se identificar com o que é enunciado ou praticado pelo pesquisado. Ele não possui total domínio sobre as experiências dos pesquisados ou sobre o que dizem ou fazem. Segundo Moriceau (2016), isso revela a "opacidade essencial do pesquisador frente aos sujeitos pesquisados e seus universos". Fazer pesquisa em Comunicação não requer que saibamos "dominar" os universos de nossos pesquisados, mas requer a "sabedoria para fazer recuar nossa ignorância".

Estar à escuta

Algo que nos chamou a atenção no relato feito por Isabelle Zinn (2017) foi a maneira como ela elabora condições de escuta para relacionar-se com os trabalhadores que fizeram parte de sua tese. Ela mostra que foi importante adotar um certo controle sobre as interações e uma postura de questionamento daquilo que a "espantava", pois sua tendência era sempre procurar amparo no lugar seguro da ciência, enquanto o saber do outro permanecia sempre aquém de sua lógica e princípios. Assim, ela destaca que, na pesquisa em contextos organizacionais, somos instados a uma decodificação e desterritorialização constantes: a todo momento no contato com os pesquisados, os entendimentos, enquadramentos e interpretações do pesquisador são modificados e mesmo jogados por terra.

O importante nesse tipo de pesquisa é saber como se constrói a implicação do pesquisador com o pesquisado. O pesquisador não é nem pode se comprometer a ser como aqueles que descreve, mas pode desenhar formas de "ser com", apresentando-se como "de fora", como "estrangeiro", reconhecendo seus limites e ignorâncias, mas oferecendo uma escuta atenta e aberta àquilo que pode ser considerado como um saber "de dentro" (Moriceau, 2018). Temos que construir uma relação na qual o estatuto e a identidade de ambos se reconfigurem constantemente. A visão do pesquisador não pode prevalecer sobre a do pesquisado, porque ambas se configuram juntas, ao mesmo tempo, nas trocas e encontros situados e marcados pela reciprocidade. Um se expõe ao outro: um se apresenta diante do outro e deixa aberta uma passagem para que ambos interfiram na percepção um do outro.

Nesse encontro transformador, diferentes temporalidades são entrelaçadas (o tempo é heterogêneo antes de ser sucessivo: vivemos, simultaneamente, em várias linhas de tempo). Mas uma primeira demanda é aquela da desaceleração do tempo do qual o pesquisador dispõe para o contato com o outro e construção material de sua investigação. Não se pode apressar o outro a responder àquilo que orienta nossas indagações de pesquisa, nem muito menos impor a ele essa tarefa.

Muitas vezes, o que buscamos não está propriamente na fala dos pesquisados ou na resposta produzida para uma pergunta (a tendência de um entrevistado é oferecer o que o interlocutor deseja ouvir). Muitas descobertas de campo se relacionam ao tempo de observação e cultivo de relações e vínculos que são alimentados pelo contato persistente entre o pesquisador e seus interlocutores de pesquisa.

Além disso, o tempo da investigação é atravessado por inúmeras temporalidades, ou espaços-tempos, já existentes e também aqueles criados especialmente por causa da situação de pesquisa. Tal multiplicidade de espaços-tempos coexistentes descentra e desterritorializa a pesquisa, enfrenta os espaços-tempos institucionalizados e consensuais, produzindo novos agenciamentos e, assim, novos e imprevisíveis (indomáveis, incontroláveis) acontecimentos.

Mas é preciso lembrar que transitar "entre" significa encontrar temporalidades, velocidades e ritmos de produção de linhas de fuga que impeçam a experimentação de se fechar em modelos majoritários, e façam daquilo que é considerado "menor" a fonte de processos de criação e de subjetivação. Sob esse aspecto, o pesquisador pode escapar às armadilhas de seus modelos e protocolos (geralmente eurocentrados), e o pesquisado pode lançar desafios ao já conhecido, fabular e escamotear/experimentar com a linguagem que se apresenta diante de si e que vai a seu encontro (e não a seu rapto, à confiscação de sua existência).

Por fim, concordamos com Fassin (2008) quando afirma que a ética se configura como um processo de construção, ao longo do qual o pesquisador (junto a seus pares) explicita questões, explora suas ambivalências, tensões e potências, sempre negociando as respostas. Tal processo deve ser explicitado no corpo do texto da pesquisa, sem deixar as estratégias, dúvidas e decisões para as notas de rodapé ou os apêndices metodológicos. Certamente os problemas éticos encontrados ao longo da pesquisa não se reduzem às regras e princípios cobrados pelos comitês de ética. De acordo com Fassin (2010), seria preferível, contra uma interpretação tendenciosa das normas de conduta ética (muitas vezes reduzidas à proteção do anonimato dos pesquisados e à apresentação do termo de consentimento livre e esclarecido), valorizar ainda mais a inspiração, a escuta e a receptividade.

A pesquisa qualitativa envolve o reconhecimento da natureza vaga e instável dos contextos, das confusões e dos acontecimentos inesperados que caracterizam as vidas e rotinas em jogo. Isso exige do pesquisador disposição para ouvir, tempo para permitir que o outro elabore o que quer dizer e, por fim, outra configuração emocional muito complexa e exigente.

Ao mesmo tempo, a pesquisa requer que o pesquisador se deixe afetar, esteja disposto a captar vestígios e pistas que emergem nas situações de encontro, a observar e ouvir as perspectivas dos sujeitos e a perceber os significados em jogo. "Os afetos assim percebidos nos dizem que algo não se enquadra no que é esperado ou naturalizado, auxiliando-nos a desestabilizar essas representações que temos como certas" (Moriceau, 2019, p. 86). Mas também é importante destacar as tensões, desigualdades e confrontos que marcam o seu aparecimento nos espaços de fala e negociação.

Assim, o material de análise não se limita às sentenças coletadas durante as entrevistas. Os depoimentos não são dados isolados de um contexto de experiência: são produto de uma experiência compartilhada e de uma forte interação entre pesquisador e sujeitos de pesquisa. Não há nada pronto: a pesquisa surge da observação e da interação entre pesquisador e pesquisados, pois ambas as partes negociam seus entendimentos, buscam nomear diferenças, evidenciar desafios da dinâmica coletiva de trabalho e compreender o que dificilmente pode ser explicado por teorias ou categorias de análise.

O pesquisador e os coparticipantes da pesquisa são mutuamente vulneráveis porque, durante o processo de investigação, são atravessados por uma série de constrangimentos, forças de poder e fluxos que não podem ser totalmente controlados, nem pelo rigor do método, nem pela legitimidade de conhecimentos estabelecidos de antemão. Ambos estão expostos, mas isso não é uma fraqueza a ser corrigida, e sim a fonte da potência de qualquer pesquisa que envolva o encontro com a alteridade.

Referências

ABREU, Vinício. *"Nós sempre trabalhamos. E muito". Atravessamentos e subversões de travestis nos mundos do trabalho.* Tese (Doutorado em Psicologia) – Universidade Federal de Minas Gerais, Belo Horizonte, 2023.

AHMED, Sara. *The Cultural Politics of Emotion.* Nova York: Routledge, 2015.

AMORIM, Janaína; BUENO, Thaisa. Assédio sexual no jornalismo: intersecções presentes na materialização da violência de gênero nas redações de Imperatriz (MA). *Ação Midiática*, n. 26, jul./dez. 2023.

ANDERSON, Joel; HONNETH, Axel. Autonomia, Vulnerabilidade, Reconhecimento e Justiça. *Cadernos de filosofia alemã: crítica e modernidade*, São Paulo, n. 17, p. 81-112, jun. 2011.

ANDERSON, Joel. Autonomy and Vulnerability Entwined. *In*: MACKENZIE, Catriona; ROGERS, Wendy; DODDS, Susan (eds.). *Vulnerability*: New Essays in Ethics and Feminist Philosophy. Oxford: Oxford University Press, 2014. p.134-161.

AUSTIN, John. *Quando dizer é fazer*. Lisboa: Artmed, 1990.

BALDISSERA, Rudimar. Organizações como complexus de diálogos, subjetividades e significação. *In*: KUNSCH, Margarida M. K. *A comunicação como fator de humanização nas organizações*. São Caetano do Sul/SP: Difusão Editora, 2010. p. 61-76.

BALDISSERA, Rudimar. Comunicação organizacional, tecnologias e vigilância: entre a realização e o sofrimento. *E-Compós*, Brasília, v. 17, n. 2, p. 1-15, 2014.

BANERJEE, Subhabatra B. Necrocapitalism. *Organization Studies*, v. 29, n. 12, p. 1.541-1.563, 2008.

BENNETT, Jessica. *Clube da luta feminista*: um manual de sobrevivência (para um ambiente de trabalho machista). Rio de Janeiro: Fábrica 231, 2018.

BIROLI, Flávia. Agentes imperfeitas: contribuições do feminismo para a análise da relação entre autonomia, preferências e democracia. *Revista Brasileira de Ciência Política*, n. 9, p. 7-39, 2012.

BIROLI, Flávia. Autonomia, opressão e identidades: a ressignificação da experiência na teoria política feminista. *Revista Estudos Feministas* (UFSC. Impresso), v. 21, p. 81-105, 2013.

BIROLI, Flávia. Autonomia, preferências e assimetria de recursos. *RBCS*, v. 31, n. 90, p. 39-57, 2016.

BRAGA, José Luiz. Dispositivos interacionais: lugar para dialogar e tensionar conhecimentos. *Dispositiva*, v.1, n.1, p. 29-38, 2012.

BRETAS, Paula F. F.; CARRIERI, Alexandre P. Uma breve reflexão sobre epistemologias, teorias e métodos da prática social da resistência. *Espacios*, Caracas, v. 38, p. 6, 2017.

BRUGÈRE, Fabienne. *A ética do cuidado*. São Paulo: Contracorrente, 2023.

BUENO, Winnie. *Imagens de controle*: um conceito do pensamento de Patrícia Hill Collins. Porto Alegre: Zouk, 2020.

BUTLER, Judith; GAMBETTI, Zeynep; SABSAY, Leticia. *Vulnerability in resistance*. Durham, EUA: Duke University Press, 2016.

BUTLER, Judith. *Quadros de Guerra. Quando a vida é passível de luto?* Rio de Janeiro: Civilização Brasileira, 2015a.

BUTLER, Judith. *Relatar a si mesmo*. Crítica da violência ética. São Paulo: Autêntica, 2015b.

BUTLER, Judith. *Caminhos divergentes*. São Paulo: Boitempo, 2017.

BUTLER, Judith. Adotando o ponto de vista do outro: implicações ambivalentes. *In*: HONNETH, Axel. *Reificação*. São Paulo: Unesp, 2018a. p. 133-162.

BUTLER, Judith. *Corpos em aliança e a política das ruas*. Rio de Janeiro: Civilização Brasileira, 2018b.

BUTLER, Judith. *Vida precária*. Belo Horizonte: Autêntica, 2019.

BUTLER, Judith. *A força da não violência*. São Paulo: Boitempo, 2021a.

BUTLER, Judith. *Discurso de ódio*. São Paulo: Unesp, 2021b.

BUTLER, Judith. *Que mundo é esse?* Belo Horizonte: Autêntica, 2022.

CARRIERI, Alexandre de Pádua; SOUZA, Eloisio Moulin; AGUIAR, Ana Rosa C. Trabalho, violência e sexualidade: estudo de lésbicas, travestis e transexuais. *RAC. Revista de Administração Contemporânea* (On-line), v. 18, p. 78-95, 2014.

COLE, Alyson. All of us are vulnerable, but some are more vulnerable than others: the political ambiguity of vulnerability studies, an ambivalent critique. *Critical Horizons*, v.17, n. 2, 2016, p. 260-277.

COLLINS, Patrícia Hill. *Pensamento feminista negro conhecimento, consciência e a política do empoderamento*. São Paulo: Boitempo, 2019.

COOKE, Maeve. *On the Pragmatics of Communication*. Cambridge: MIT Press, 1998.

CUDDY, Amy. *O poder da presença*. São Paulo: Sextante, 2016.

D'ALMEIDA, Nicole. O estatuto do sujeito em organização. *In*: MARQUES, Ângela C. S.; OLIVEIRA, Ivone de L. *Comunicação organizacional*: dimensões epistemológicas e discursivas. Belo Horizonte: UFMG, 2015. p. 18-26.

DAS, Veena. O ato de testemunhar: violência, gênero e subjetividade. *Cadernos Pagu*, v. 37, 2011.

DEWEY, J. Em busca do público. In: FRANCO, A.; POGREBISCHI, T. (orgs.). *Democracia Cooperativa:* escritos políticos escolhidos de John Dewey. Porto Alegre: EdiPUCRS, 2008, p. 25-50.

ESPOSITO, Roberto. *Instituição*. Belo Horizonte: Autêntica, 2023.

FASSIN, Didier. L'éthique, au-delà de la règle: réflexions autour d'une enquête ethnographique sur les pratiques de soins en Afrique du Sud. *Sociétés Contemporaines*, v.3, n. 71, 2008, p. 117-135.

FASSIN, Didier. Évaluer les vies : essai d'anthropologie biopolitique. *Cahiers internationaux de Sociologie*, 128 (1), 2010, p.105-115.

FASSIN, Didier. *At the Heart of the State*: the moral world of institutions. London: Pluto Press, 2015.

FAVRET-SAADA, Jeanne. "Être Affecté". *Gradhiva: Revue d'Histoire et d'Archives de l'Anthropologie*, 8. p. 3-9, 1990.

FAYOLLE, Alain. Promouvoir une pédagogie émancipatrice de l'entrepreneuriat : Des idées clés du constructivisme critique au modèle éducatif de Paulo Freire. *Revue Interdisciplinaire Droit et Organisations – RIDO*, n.1, p. 56-76, 2021.

FAYOLLE, Alain; NAKARA, Walid. Création par nécessité et précarité : la face cachée de l'entrepreneuriat. *Economies et Sociétés,* Série Etudes Critiques en Management, KC, n. 2, 9/2012, p.1729-1764, 2012.

FERRARESE, Estelle; LAUGIER, Sandra. *Formes de vie*. Paris: CNRS Éditions, 2018.

FERRARESE, Estelle. Vulnerability: a concept with which to undo the world as it is? *Critical Horizons*, v.17, n. 2, p.149-159, 2016.

FERRARESE, Estelle. Precarity of work, precarity of moral dispositions: concern for others in the era of emotional capitalism. *Women's Studies Quarterly*, v. 45, n.3 e 4, p.176-192, 2017.

FERRARESE, Estelle. The Politics of Vulnerability and Care: An Interview with Estelle Ferrarese. *Krisis*, 42 (1): 76-94, 2022.

FOUCAULT, Michel. *O enigma da revolta*. São Paulo: n-1 edições, 2019.

FOUCAULT, Michel. Le jeu de Michel Foucault. Entrevista dada à revista Ornicar. In: FOUCAULT, Michel. *Dits et écrits, Tome III*. Paris: Gallimard, 1994. p. 298-329.

FRASER, Nancy. Rethinking the Public Sphere: A Contribution to the Critique of Actually Existing Democracy. *Social Text*, No. 25/26, 1990, pp. 56-80.

FREITAS, Maria Ester de; HELOANI, Roberto; BARRETO, Margarida. *Assédio moral no trabalho*. São Paulo: Cengage Learning, 2017.

GARRAU, Marie. *Politiques de la vulnérabilité*. Paris: CNRS éditions, 2018. 368 p.

GERMAIN, Olivier; JACQUEMIN, Amélie. Voies et voix d'approches critiques en entrepreneuriat. *Revue de l'Entrepreneuriat*, n. 16, p. 7-18, 2017.

GOFFMAN, Erving. A ordem da interação. In: GOFFMAN, Erving. *Os momentos e os seus homens*. Textos escolhidos e apresentados por Yves Winkin. Lisboa: Relógio d'Água Editores, 1999.

GOFFMAN, Erving. Footing. In: RIBEIRO, Branca; GARCEZ, Pedro (orgs.). *Sociolinguística Interacional*. São Paulo: Loyola, 2002. p. 107-148.

GOFFMAN, Erving. *Os quadros da experiência social*. Petrópolis: Vozes, 2012.

GOLDMAN, Marcio. Alteridade e experiência: Antropologia e teoria etnográfica. *Etnográfica* [online], v.10, n.1 [citado 2017-4-18], p.161-173, 2006.

HABERMAS, Jürgen. *A inclusão do outro*: estudos de teoria política. 2. ed. São Paulo: Edições Loyola, 2004.

HABERMAS, Jürgen. Public space and political public sphere – the biographical roots of two motifs in my thought. *Commemorative Lecture*, Kyoto Nov. 11, 2004.

HAN, Byung-Chul. *Psicopolítica* – o neoliberalismo e as novas técnicas de poder. Belo Horizonte: Aiyné, 2018.

HENRIQUES, Márcio S.; SILVA, Daniel R. Vulnerabilidade dos públicos frente a práticas abusivas de comunicação empregadas por organizações privadas: limitações para o monitoramento civil. *Anais do XXIII Encontro Anual da Compós*. Belém/PA: UFPA, 2014.

HONNETH, Axel. *The Struggle for Recognition – the moral grammar of social conflicts*. Cambridge: MIT Press, 1995.

HONNETH, Axel. "Identidade pessoal e desrespeito: violação, privação de direitos, degradação". *In*: HONNETH, Axel. *Luta por reconhecimento*: a gramática moral dos conflitos sociais. São Paulo: Ed. 34, 2003. p. 213-224.

HONNETH, Axel. "Invisibilité: sur l'épistémologie de la reconnaissance". *Réseaux*, n.129-130, p. 41-57, 2005.

HONNETH, Axel. "La reconnaissance comme idéologie". *In* : HONNETH, Axel. *La société du mépris*: vers une nouvelle théorie critique. Paris: La Découverte, 2006. p. 245-274.

hooks, bell. *Olhares negros*: raça e representação. São Paulo: Elefante, 2019.

HOWARD, Katie. The apparitions of emotion: toward a performative affect-theory of assembly. *Raisons politiques*, Presses de Sciences Po, 2019, v.4 n° 76, p.107-120.

ILLOUZ, Eva; CABANAS, Edgar. *Happycracia*. São Paulo: Ubu, 2022.

KIFFER, Ana; GIORGI, Gabriel. *Ódios políticos e política do ódio*. Rio de Janeiro: Bazar do Tempo, 2019.

LAUGIER Sandra. « La vulnérabilité des formes de vie ». *Raisons politiques*, 2015/1 (N° 57), p. 65-80.

LAUGIER, Sandra. L'autonomie et le souci du particulier. *In*: JOUAN, Marlène; LAUGIER, Sandra (dir.). *Comment penser l'autonomie? Entre compétences et dépendances*. Paris : PUF, 2009. p. 407-432.

LAUGIER, Sandra. Politics of vulnerability and responsibility for ordinary others. *Critical Horizons*, v.17, n. 2, 2016, p. 207-223.

LAZZARATO, Maurizio. Resistência e criação nos movimentos pós-socialistas. *In*: LAZZARATO, Maurizio. *As revoluções do capitalismo*. Rio de Janeiro: Civilização Brasileira, 2006. p. 203-263.

LEVINAS, Emmanuel. O rosto. *In*: LEVINAS, Emmanuel. *Ética e infinito*. Lisboa: Edições 70, 2007. p. 69-84.

LEVINAS, Emmanuel. *Alterity and transcendence*. New York: Columbia University Press, 1999.

LIMA, Fábia. Teorias da comunicação, transferência do conhecimento e implicações na subserviência dos sujeitos nas organizações. *Organicom*, v.15, n. 28, 2018.

LINGIS, Alphonso; ALLIOT, Julien. Performing Care: exploring rituals, demands and otherness. *In*: STREET, A. et al (eds.). *Inter Views in Performance Philosophy*. London: Palgrave, 2017, p. 319-324.

MACÉ, Marielle. *Siderar, considerar*: migrantes, formas de vida. Rio de Janeiro: Bazar do Tempo, 2018.

MACEDO, Roberto Sidnei. *A etnopesquisa implicada*: pertencimento, criação de saberes e afirmação. Brasília: Liber Livro, 2012.

MACKENZIE, Catriona; ROGERS, Wendy; DODDS, Susan (eds.). *Vulnerability*: New Essays in Ethics and Feminist Philosophy. Oxford: Oxford University Press, 2014.

MACKENZIE, Catriona; STOLJAR, Natalie. Introduction: autonomy refigured. In: MACKENZIE, Catriona; STOLJAR, Natalie (eds.). *Relational autonomy*. New York: Oxford University Press, 2000. p. 3-31.

MACKINNON, Catharine A. *Le féminisme irréductible. Discours sur la vie et la loi.* Paris: Des femmes, 2005.

MAFRA, Rennan; MARQUES, Ângela. "Diálogo e organizações: cenas de dissenso e públicos como acontecimento". *In*: MARQUES, Ângela; OLIVEIRA, Ivone de Lourdes. (orgs.). *Comunicação organizacional*: dimensões epistemológicas e discursivas. Belo Horizonte: Fafich/UFMG, 2015. p. 185-193.

MAFRA, Rennan; MARQUES, Ângela. Topografias do Diálogo nos contextos organizacionais. *In*: MARQUES, Ângela; Oliveira, Ivone. *Comunicação organizacional*: vertentes conceituais e metodológicas. Belo Horizonte: PPGCOM/UFMG, 2017.

MARQUES, Ângela C. S.; MAFRA, Rennan L. M. Diálogo no contexto organizacional e lugares de estratégia, argumentação e resistência. *Organicom*, ano 10, n. 19, p. 82-94, 2º seme. 2013.

MARQUES, Ângela C. S.; MAFRA, Rennan L. M. O diálogo, o acontecimento e a criação de cenas de dissenso em contextos organizacionais. *Dispositiva*, v. 2, n. 2, p. 2-20, 2014.

MARQUES, Ângela C. S.; MAFRA, Rennan L.M. ; MARTINO, Luis M. S. . Um outro olhar sobre a comunicação pública: a constituição discursiva de sujeitos políticos no âmbito das organizações. *Dispositiva*, v. 6, p. 76-92, 2017.

MARQUES, Ângela; SOUZA, Frederico C. V. Ultraje do rosto: embates discursivos e reconhecimento da liderança feminina na Petrobras. *Revista Organicom*, v. 13, p. 56-69, 2016.

MARTINO, Luís M. S.; MARQUES, Ângela C. S. A afetividade do conhecimento na epistemologia: a subjetividade das escolhas na pesquisa em Comunicação. *Matrizes* (USP. IMPRESSO), v. 12, p. 217-234, 2018a.

MARTINO, Luis M. S.; MARQUES, Ângela C. S. Enquadramentos biopolíticos do corpo heterotópico: entre o controle prescritivo e a potência disruptiva. *In*: SILVA, Maurício; MENDONÇA, Carlos; CARVALHO, Carlos; MENEZES, José; COELHO, Maria das Graças. (orgs.). *Mobilidade, espacialidades e alteridades*. Salvador: EDUFBA, 2018b, v. 1, p. 259-280.

MARTINO, Luis M. S.; MARQUES, Ângela C. S. *Ética, mídia e comunicação*. São Paulo: Summus, 2018c.

MEAD, George Herbert. A Brincadeira, o Jogo e o Outro Generalizado. *Pesquisas e Práticas Psicossociais,* 5(1), São João del-Rei, janeiro/julho 2010, p.131-136.

MEDEIROS, Cintia; SILVEIRA, Rafael Alcadipani da. Organizações que matam: uma reflexão a respeito de crimes corporativos. *Organ. Soc. [online]*, 2017, v. 24, n. 80, p. 39-52, 2017.

MORAES, Fabiana. *O nascimento de Joicy*. Porto Alegre: Arquipélago Editorial, 2015.

MORAES, Fernanda Luz; SCROFERNEKER, Cleusa Maria Andrade. Assédio moral organizacional: o papel da comunicação face às relações perversas no mundo do trabalho. *In*: CONGRESSO DA INTERCOM, 41. *Anais [...]*. Disponível em: http://portalintercom.org.br/anais/nacional2018/resumos/R13-0222-1.pdf. Acesso em: 7 nov. 2018.

MORICEAU, Jean-Luc; PAES, Isabela. Organisations sensibles terres d'affects: stratégies de recherche pour "the affect turn" ou tournant vers les affects, de la recherche sur les Organisations. *Revue internationale de psychosociologie et de gestion des comportements organisationnels*, v.19 (48), p. 367-379, 2013.

MORICEAU, Jean-Luc; PAES, Isabela. Performances acadêmicas e um lugar ao sensível na construção do sentido. *In*: PICADO, Benjamin; MENDONÇA, Carlos; CARDOSO FILHO, Jorge. *Experiência estética e performance*. Salvador: Edufba, 2014. p. 107-130.

MORICEAU, Jean-Luc. Tout contre la représentation. Et si le but de la recherche n'était pas de représenter ?, *in* Société de Philosophie des Sciences des Gestion (dir.). *Les Prêts-à-penser en épistémologie des sciences de gestion*. Paris : L'Harmattan, 2014. p. 61-79.

MORICEAU, Jean-Luc. "Une approche affective de la communication organisationnelle", *Revue française des sciences de l'information et de la communication* [En ligne], 9 | 2016, mis en ligne le 01 septembre 2016. URL : http://rfsic.revues.org/2478 ; DOI : 10.4000/rfsic.2478.

MORICEAU, Jean-Luc. "À distance de la distance représentative: une recherche qui communique et organise". *In*: MARQUES, Ângela C. S.; OLIVEIRA, Ivone L.; LIMA, Fábia P. (org.). *Comunicação organizacional*: vertentes conceituais e metodológicas. v. 2. Belo Horizonte: Selo PPGCOM, 2017.

MORICEAU, Jean-Luc. Écrire le qualitatif: écriture réflexive, écriture plurielle, écriture performance. *Revue international de psychosociologie et de gestion des comportements organisationnels*, v. 24, p. 45-67, 2018.

MORICEAU, Jean-Luc. Explorer les affects. Dans le tournant vers les affects. *In*: MORICEAU, Jean-Luc; SOPARNOT, Richard (orgs.). *Recherche qualitative en sciences sociales.* S'exposer, cheminer, réfléchir ou l'art de composer sa méthode. Paris: EMS Éditions, 2019.

PAPERMAN, Patricia. Éthique du care: un changement de regard sur la vulnérabilité. *Gérontologie et Societé*, [S. l.]. v. 33, n. 133, p. 51-61, 2010.

QUÉRÉ, Louis. La structure cognitive et normative de la confiance. *Réseaux,* 19 (108), 125-152, 2001.

QUÉRÉ, Louis. Le public comme forme et comme modalité d'expérience. *In* Daniel Cefaï, Dominique Pasquier (orgs.). *Le sens du public.* Paris: PUF, 2003. p. 113-133.

QUÉRÉ, Louis. Les "dispositifs de confiance" dans l'espace public. *Réseaux*, 132 (23), 185-217, 2005.

QUÉRÉ, Louis; OGIEN, Albert (dir.). *Les moments de la confiance. Connaissance, affects et engagements.* Paris: Economica, 2006. Coll. Études sociologiques.

RAGO, Margareth. *A aventura de contar-se*: feminismos, escrita de si e invenções da subjetividade. Campinas: Editora Unicamp, 2013.

RANCIÈRE, Jacques. *La Mésentente:* politique et philosophie. Galilée, 1995.

RANCIÈRE, Jacques. *Aux bords du politique.* Paris: Gallimard (Folio essais), 2004.

RANCIÈRE, Jacques. Ten Thesis on politics. In: CORCORAN, Steven (ed). *Dissensus: on politics and aesthetics*. London : Continuum, 2010, p. 27-43.

RANCIÈRE, J. *La Méthode de la scène*. Paris: Éditions Lignes, 2018.

RANCIÈRE, J. *Pequena máquina anti-hierárquica: entrevista sobre o método da cena Jacques Rancière* / Jacques Rancière; organizadores Ângela Marques, Marco Aurélio Máximo Prado. - Belo Horizonte, MG: Fafich/Selo PPGCOM/UFMG, 2021.

RENAULT, Emmanuel. *L'expérience de l'injustice*: reconnaissance et clinique de l'injustice. Paris: La Découverte, 2004.

REZENDE, Ana Flávia; MAFRA, Flávia; PEREIRA, Jussara. Empreendedorismo negro e salões étnicos: possibilidades de resistências na (re)construção social da identidade negra. *Organizações e Sociedade*, Salvador, v. 25, n. 87, Salvador, 2018.

RIBEIRO, Djamila. *O que é lugar de fala?* Coleção Feminismos Plurais. Belo Horizonte: Letramento, 2018.

ROSA, Ana Paula da. Circulação: das múltiplas perspectivas de valor à valorização do visível. Texto apresentado no VI Colóquio Semiótica das Mídias, CISECO, Japaratinga – Alagoas, 2017, p. 1-17.

SCHUTZ, Alfred. *Fenomenologia e relações sociais*. Rio de Janeiro: Zahar, 1979.

SCOTT, James. *Domination and the Arts of Resistance – Hiddens Transcripts*. New Haven: Yale University Press, 1990.

SCROFERNEKER, Cleusa; MORAES, Fernanda; GOMES, Luciana. Por uma comunicação dissidente face ao assédio moral organizacional. *Intexto*, n. 52, p. 1-16, 2021.

SOUZA, Andrea Alcione; DIAS, Rafaela Cyrino Peralva. Mérito não é para todos: a percepção de gerentes negros sobre seu processo de ascensão profissional. *Organizações e Sociedade*, v. 25, n. 87, Salvador, 2018.

TASSIN, Etienne. Espace commun ou espace public ? L'antagonisme de la communauté et de la publicité. *Hermès* 10(1), 1992, p. 23-37.

TEIXEIRA, Juliana C.; SARAIVA, Luís Alex; CARRIERI, Alexandre de Pádua. Os lugares das empregadas domésticas. *Organizações & Sociedade* (On-line), v. 22, p. 161-178, 2015.

TRONTO, Joan. Care as a Basis for Radical Political Judgments. *Hypatia*,10(2), 141-149, 1995.

VIEIRA, Carlos Eduardo. *Assédio*: do moral ao psicossocial. Curitiba: Juruá, 2008.

YOUNG, Iris. *Justice and the politics of difference.* Princeton: Princeton University Press, 1990.

ZINN, Isabelle. *Les métiers de la viande et des fleurs. Ethnographier le genre au travail.* Thèse de doctorat de sociologie, Université de Lausanne et EHESS, Paris, 2017.

Este livro foi confeccionado especialmente para a
Editora Meridional Ltda.,
em Gentium Basic, 10,5/15,5 e
impresso na Gráfica Meta Brasil.